Christine Karkow
Barbara Kühnel

Das Berliner Modell

Qualitätskriterien im Early Excellence Ansatz

Erstellt mit freundlicher Unterstützung der
Heinz und Heide Dürr Stiftung

PFH-Beiträge zur pädagogischen Arbeit, Band 13
Herausgegeben von Sabine Hebenstreit-Müller

dohrmannVerlag.berlin

Inhalt

1
2
3
4
5
6
7
8

Vorwort

„Am wichtigsten ist, dass ein Kind in seinen ersten Lebensjahren liebevoller behandelt wird, damit es später besser durch die Gesellschaft kommt."

Die ersten zehn Jahre sind prägend bei einem Menschen. Was sich so selbstverständlich anhört, wird in Deutschland in der Öffentlichkeit und der Politik erst seit kurzem thematisiert. Wie und was Kinder vor der Schulzeit lernen und mit welchen Mitteln jedes einzelne Kind in seiner ganz persönlichen Entwicklung bereits in frühen Jahren gefördert werden kann, stand lange nicht im Fokus der Bildungsdiskussion in Deutschland. Auch nicht, dass erst mit einer Einbeziehung der Eltern in die Bildungsprozesse ihrer Kinder nachhaltige Ergebnisse erzielt werden. Andere Länder sind in dieses Thema früher eingestiegen.

Die Heinz und Heide Dürr Stiftung hat sich im Jahr 2000 entschieden, einen ihrer Schwerpunkte auf die Förderung der frühkindlichen Bildung zu legen. Bei unserer Suche nach einem Ansatz, der auf Chancengleichheit bei der Bildung und Partizipation der Eltern ausgerichtet ist, sind wir auf den englischen Early Excellence Centre Ansatz gestoßen. Margy Whalley, die Ideengeberin des Ansatzes, hat einmal gesagt: „Wenn Kinderzentren effektiv mit allen Eltern arbeiten wollen, müssen ihre Mitarbeiter die traditionellen Arbeitsmethoden in Frage stellen. Kinderzentren müssen lernende Gemeinschaften werden, die sich respektvoll mit den Menschen beschäftigen (...)." Nach diesem Vorbild haben wir in Zusammenarbeit mit dem Pestalozzi-Fröbel-Haus begonnen, in Berlin ein Modellprojekt aufzubauen. Wir haben nicht damit gerechnet, dass das Modell eine ganze Bewegung in Deutschland auslöst. Mittlerweile gibt es bundesweit eine Vielzahl von Einrichtungen, die sich am Early Excellence Ansatz orientieren. Und es werden immer mehr, die ihn umsetzen wollen.

Die in unserem Auftrag von der Fachberatung des Pestalozzi-Fröbel-Hauses entwickelten Qualitätskriterien sollen all jenen, die sich an dem Ansatz ausrichten wollen, eine Orientierungshilfe geben. Sie sollen die fachliche Diskussion und den Austausch über Praxiserfahrungen weiter befördern. Der Early Excellence Ansatz setzt bei der Praxis an und entfaltet seine Stärken erst durch eine kontinuierliche Rückkoppelung mit den unterschiedlichen Erfahrungen, die bei seiner Umsetzung gemacht werden.

In Deutschland wird der Begriff Exzellenz schnell mit „elitär" gleichgesetzt. Early Excellence geht es aber nicht um elitäre Förderung, sondern um jedes Kind, um eine gute und gerechte Praxis des zwischenmenschlichen Umgangs. Early Excellence setzt eine Haltungsänderung, eine positive Grundeinstellung gegenüber Kindern, Familien und Kollegen voraus; und Fachwissen über die neuesten Entwicklungen in der Elementar- und Erwachsenenpädagogik. Um die Entwicklungsprozesse von Kindern zu verstehen und durch geeignete Mittel zu unterstützen, ist es wichtig, mit den Eltern eine gemeinsame Sprache zu entwickeln.

Die Qualitätskriterien sollen helfen, das Fachpersonal in dieser Richtung zu sensibilisieren und zu schulen. Die Praxis in Berlin hat gezeigt, dass eine kontinuierliche Begleitung des Umsetzungsprozesses durch Fachberater oder weitere Experten und ein Austausch mit anderen, die die frühkindlichen Bildungsprozesse verstehen und befördern wollen, für die „lernende Einrichtung" wichtig sind. Daher hat der Verein „Early Excellence – Zentrum für Kinder und ihre Familien e.V." über die letzten Jahre ein Netzwerk von Multiplikatoren aufgebaut, die sich austauschen, um voneinander zu lernen. Wir können Sie nur anregen, ihre Erfahrungen in unser Netzwerk einzubringen.

Der Qualitätskriterienkatalog basiert auf den praktischen Erfahrungen aus nun fast einem Jahrzehnt Early Excellence in Berlin. Wir danken den Autorinnen, Frau Kühnel und Frau Karkow, für die komplexe Darstellung der Early Excellence Philosophie, der Bausteine, Analyseverfahren und Auswertungsinstrumente. Ein besonderer Dank auch an Dr. Sabine Hebenstreit-Müller, Dr. Annette Lepenies und Jutta Burdorf-Schulz, MA für die hervorragende Kooperation und fachliche Begleitung der Implementierung des Ansatzes in Deutschland.

Heide Dürr
Heinz und Heide Dürr Stiftung

Vorwort der Herausgeberin

Woran kann man eigentlich ein Early Excellence Zentrum erkennen? Worin unterscheidet es sich von Einrichtungen, die nach anderen Konzepten arbeiten? Diese Fragen werden uns immer wieder gestellt. Wir geben in dieser Broschüre eine Antwort, indem wir die Qualitätskriterien, die Early Excellence ausmachen, genauer beschreiben. Die Erfahrungen im Pestalozzi-Fröbel-Haus, in dem das aus England stammende Konzept erstmals auf deutsche Verhältnisse übertragen und weiter entwickelt wurde, bieten dabei den fachlichen Bezugskontext.

Entscheidend für das Verständnis der Kriterien ist, dass Early Excellence sich nicht als eine optimale Anpassung an festgelegte Standards beschreiben lässt, die zu erfüllen sind. Die Herausforderung ist vielmehr, jede Einrichtung im lebendigen Dialog mit Kindern und Eltern weiter zu entwickeln und fähig zu machen, sich deren Lebenslagen in einem sich wandelnden Umfeld ständig neu anzupassen.

Maßstab für Early Excellence ist deshalb immer die Fähigkeit, als Einrichtung einen Prozess der Qualitätsentwicklung in die eigene Hand zu nehmen. Wo dieser Prozess gelingt, werden Erzieherinnen, Eltern, Umfeld und nicht zuletzt die Kinder selbst zu Verbündeten, die sich gegenseitig helfen, Schritt für Schritt auch aus schwierigen Ausgangslagen zu einer exzellenten Praxis zu kommen.
Hierfür sollen die Qualitätskriterien eine Hilfestellung bieten. Sie machen für Einrichtungen und Teams von Praktiker/innen ablesbar, wo sie in diesem Prozess stehen, welche weiteren Schritte notwendig sind und was bereits erreicht wurde. Es sind Kriterien, die sich in der Praxis der Einrichtungen des PFH bewährt haben und dort ständig weiter entwickelt werden.

Zu hoffen ist, dass diese Broschüre zu einem erweiterten Erfahrungsaustausch beiträgt.

Dr. Sabine Hebenstreit-Müller
Herausgeberin

1. Aufbau, Ziele und Handhabung des Qualitätskriterienkatalogs

Die vorliegende Kriterienkatalog ist ein Instrument zur Weiterentwicklung der pädagogische Arbeit für Einrichtungen – Kindertagesstätten, Schulen oder Familienzentren – die sich mit dem EEC-Ansatz auseinandersetzen und professionalisieren wollen.

Er kann außerdem Grundlage für die kontinuierliche fachliche Diskussion unter Kollegen werden und dient der Überprüfung, sofern die Einrichtungen sich auf den Weg zum EEC gemacht haben.

- Nach der allgemeinen Einführung in den EEC-Ansatz werden hier alle wesentlichen Module inhaltlich beschrieben und erlauben den Nutzern, das Verständnis für die konkreten Praxisanforderungen zu entwickeln.

- Im 2. Schritt sind die Qualitätskriterien, die die Umsetzung der Praxisanforderungen verdeutlichen, als Leitsätze und Indikatoren ausformuliert.

- Der 3. Teil der Module ist als Evaluationsbogen gefasst, der den Nutzern die systematische Bestandsaufnahme erleichtert und über den Weg der Zieldefinition die Weiterentwicklung mit einer Maßnahmenplanung und mit Überprüfungsaussagen konkretisieren hilft.

Der Ausbau des Kriterienkatalogs berücksichtigt die unterschiedlichen Ausgangslagen der Einrichtungen und ermöglicht spezifische Schwerpunktsetzungen bei der Umsetzung. Jedes Team kann entscheiden, in welchen Bereichen es die Umsetzung oder die Weiterentwicklung des EEC- Ansatzes vordringlich bearbeiten will, ohne den Gesamtzusammenhang aus dem Blickfeld zu verlieren.
Ziel wird sein, bei der Einführung des EEC - Ansatzes alle Bausteine, die wesentliche Verbindungen zu einander haben, zu verstehen und umzusetzen.

Grundbausteine sind:

- **Beobachtung, Dokumentation und individuelle Förderung**
- **Zusammenarbeit mit den Familien**
- **Öffnung in den Stadtteil für junge Familien.**

Über das Fachverständnis des EEC-Ansatzes hinaus liegt der wichtigste Fokus auf der Umsetzung einer **fundamentalen Haltungsänderung der pädagogischen Fachkräfte gegenüber Kindern und Familien.**

Der Prozess der Umsetzung bedarf regelmäßiger Fortbildungen und kontinuierlicher begleitender Beratung durch Fachberatung oder andere Experten/innen.

2. Einführung

Im Folgenden werden die Inhalte des EEC-Ansatzes unter Bezug auf die Erfahrungen aus dem Pestalozzi-Fröbel-Haus, in dem sich alle Einrichtungen zu Early Excellence Centres entwickeln, dargestellt.

2.1 Der Early Excellence Ansatz

Die Early Excellence Centres entwickeln Modelle von *„best practice“* durch die Integration von Angeboten im Bereich der Erziehung, der Pflege und der Bildung für die ganze Familie.

Die Arbeit des Early Excellence Ansatzes ist ausgerichtet auf

- die konsequente Entwicklungs- und Bildungsbegleitung von Kindern,
- die enge Zusammenarbeit zwischen Familien und pädagogischem Fachpersonal und
- die Öffnung der Kindertagestätten für junge Familien im Stadtteil.

Besondere Bedeutung im Early Excellence Ansatz hat ein spezifischer ethischer Code, der die Haltung der pädagogischen Fachkräfte bestimmt.
Im ethischen Code sind folgende Grundsätze zu finden:

- die positive Grundeinstellung gegenüber Kindern, Familien, Mitarbeiter/innen
- die konsequente Ausrichtung auf die Wünsche und Bedürfnisse von Kindern und deren Familien
- die Etablierung einer Vertrauensbasis gegenüber den Familien
- die Entwicklung einer gemeinsamen Sprache zwischen pädagogischem Fachpersonal und Familien
- die Dokumentation der pädagogischen Arbeit, die allen Beteiligten zur Verfügung steht.

Basis der Arbeit ist der ressourcenorientierte Blick auf das Kind, seine Familie und andere Institutionen. Der EEC-Ansatz formuliert den Anspruch, mit dem positiven Zugang auf Menschen und mit der Einbeziehung ihrer Kompetenzen optimale Entwicklungsbedingungen für Kinder zu unterstützen.

Sowohl Kinder als auch Familienmitglieder und pädagogisches Fachpersonal werden als Forscher und Lerner angesehen, die sich gemeinsam auf den Weg begeben, Sinnzusammenhänge der Welt zu erforschen, zu verstehen und für die Weiterentwicklung aller Beteiligten zu nutzen.

Die positive Haltung von pädagogischem Fachpersonal Menschen gegenüber zeigt sich darin, dass der Schaffung einer angenehmen Atmosphäre, in der Kinder und ihre Familien sowie junge Familien aus dem Stadtteil willkommen und zum Bleiben auffordert sind, große Bedeutung beigemessen wird.

Pädagogisches Fachpersonal, das den EEC–Ansatz umsetzt, braucht neben einer hohen sozialen Kompetenz ein an den neuesten Forschungsergebnissen orientiertes Fachwissen in der Elementar- wie in der Erwachsenenpädagogik.

2.2 Der EEC-Ansatz am Pestalozzi-Fröbel-Haus

Das Pestalozzi-Fröbel-Haus (PFH) ist ein Verbund pädagogischer Praxis- und Ausbildungseinrichtungen. Das PFH wurde 1874 von Henriette Schrader-Breymann mit dem Ziel gegründet, die hohe Qualität der Fröbel-Kindergärten durch eine ebenso hohe Qualität der Ausbildung von Erzieherinnen und Erziehern zu sichern.

Zum PFH gehören heute:

- eine Fachschule für Sozialpädagogik
- eine Fachoberschule für Gesundheit und Soziales
- Kindertagesstätten
- Nachbarschafts- und Familienzentren
- ein Mehrgenerationenhaus
- Kooperationsbereiche mit Grundschulen
- Erzieherische Hilfen
- Offene Kinder- und Jugendarbeit
- Jugendsozialarbeit in und mit Schulen.

Grundlegend für die Arbeit des PFH ist die kontinuierliche Qualitätsentwicklung der pädagogischen Arbeit. So beschreitet das PFH seit Jahren mit dem Modellprojekt „Early Excellence im PFH" neue Wege im Bereich der frühkindlichen Erziehung und Bildung, indem es eine fortschrittliche Kleinkindpädagogik mit integrativer Elternarbeit verbindet.

2001 wurde in Kooperation mit dem Pen Green Centre in Corby (UK) das erste Early Excellence Centre in Deutschland in einer Kindertagesstätte aufgebaut. Diese Kindertagesstätte wurde in den vergangenen Jahren mit Fortbildungen und personeller Verstärkung zu einer Modelleinrichtung, dem Kinder- und Familienzentrum Schillerstraße, entwickelt.

Die Heinz und Heide Dürr Stiftung hat für diesen Prozess die finanziellen Mittel zur Verfügung gestellt.

Auf der Grundlage der positiven Erfahrungen im Kinder- und Familienzentrum Schillerstraße ist im Pestalozzi-Fröbel-Haus die Entscheidung gefallen, kontinuierlich den EEC-Ansatz auch auf andere Einrichtungen zu übertragen und somit die vielfältige Angebotsstruktur des Trägers – neben den Kitas auch die Familien- und Nachbarschaftszentren, die Schulprojekte, Jugendprojekte und die Ausbildungsstätte für Erzieher/innen – in einen spezifischen Qualitätsentwicklungsprozess hinsichtlich des EEC-Ansatzes einzubeziehen.

Die Ressourcen aus dem Leitbild, verbunden mit dem Vorbild des Pen Green Centre in Corby (UK) bilden die Grundlage für die Entwicklung des EEC-Ansatzes in Berlin am PFH, wobei auch die kreative Entwicklungsbereitschaft des pädagogischen Fachpersonals und die Beratungskompetenzen der Fachberatung wesentlichen Anteil haben.

3. Bausteine im EEC-Ansatz

Die Entwicklung zum EEC erfordert die Auseinandersetzung mit zwei grundlegenden pädagogischen Inhalten:

- dem **Bildungsverständnis** – den Erkenntnissen, wie Kinder lernen
- den **pädagogischen Strategien** – der Entwicklung von Haltungen der pädagogischen Fachkräfte Kindern und ihren Familien gegenüber, die das Lernen von Kindern erleichtern.

3.1 Das Bildungsverständnis im EEC-Ansatz

Das Bildungsverständnis ist in den vergangenen Jahren durch wissenschaftliche Forschung fundamental verändert worden. Diese Erkenntnisse finden sich auch in den Grundaussagen des EEC-Ansatzes wieder und sind von Pädagogen, die sich mit dem Ansatz beschäftigen, fachlich zu bearbeiten:
So verweisen Hirn- und Säuglingsforschung auf pränatale Lernpotentiale von Kindern. Für jeden aufmerksamen Betrachter wird ersichtlich, wie Kinder von Geburt an neugierig auf die Welt zugehen, sie versuchen zu verstehen und mit Bedeutung zu versehen.

Mit all ihren Sinnen machen sich Kinder ein **Bild**
- von sich selbst
- von den anderen
- vom Geschehen in der Welt.

Kinder sind „hochtourige Wissenserwerber und Erkenntnisverwerter" (Elschenbroich 1999, S. 11).
Jeder Lernimpuls, dem das Kind nachgeht, führt zu neurobiologischen Verknüpfungen des Gehirns, die als Leitbahnen lebenslang zur Verfügung stehen, d.h.:

- Jeder Mensch ist ein geborener Lerner und von sich bestrebt, die Welt zu verstehen.
- Jedes Kind, das gute Entwicklungsbedingungen hat, ist neugierig (gierig auf Neues) und wissbegierig (gierig auf Wissen und Verstehen), lernt rasch und folgt mit Ausdauer seinen eigenen Interessen und Themen in seinem eigenen Rhythmus.
- Bildungsprozesse vollziehen sich in der Auseinandersetzung mit der dinglichen Umwelt und in sozialen und kommunikativen Prozessen zwischen Kindern und Erwachsenen.
- Niemand kann aber dem lernenden Menschen die geistige und gefühlsmäßige Verarbeitung seiner Begegnungen mit der Welt und sich selbst abnehmen. Es besteht keine Möglichkeit einer direkten Übertragung von Erfahrung, Wissen oder Kompetenzen von Erwachsenen auf Kinder.

Erwachsene verstehen die Bildungsbemühungen der Kinder nicht immer. Das aber, was ein Kind tut, macht für es selbst „Sinn".

Bildung ist eigensinnige Aneignungstätigkeit des Kindes.

Bildung ist immer auch bewusste Anregung der kindlichen Aneignungstätigkeit durch Erwachsene, auf die das Kind ein Recht hat.

Leitsatz
Die pädagogischen Fachkräfte haben sich mit wissenschaftlichen Erkenntnissen der Neurobiologie und Säuglingsforschung auseinandergesetzt und können diese Erkenntnisse in der pädagogischen Alltagsgestaltung umsetzen.

Indikatoren:

1. Sie reflektieren, wie die kindlichen Aneignungsprozesse in der pädagogischen Alltagsgestaltung angeregt werden können.
2. Sie reflektieren ihr Bildungsverständnis hinsichtlich der Kommunikation mit den Kindern.
3. Sie reflektieren die Möglichkeiten der Kinder in der pädagogischen Alltagsgestaltung, in selbstgewählten Kindergruppierungen selbstbestimmt tätig zu werden.
4. Sie reflektieren ihr Bildungsverständnis hinsichtlich der Bildungsmöglichkeiten durch Raum- und Materialausstattung.

Evaluationsbogen: Bildungsverständnis

Einrichtung:	**Abteilung:**	**Datum:**	
Leitsatz **Die pädagogischen Fachkräfte haben sich mit wissenschaftlichen Erkenntnissen der Neurobiologie und Säuglingsforschung auseinandergesetzt und können diese Erkenntnisse in der pädagogischen Alltagsgestaltung umsetzen.**			
Indikatoren	Gute Erfahrungen bislang:	Schwierigkeiten/ Stolpersteine:	Was soll verändert werden?
1. Sie reflektieren, wie die kindlichen Aneignungsprozesse in der pädagogischen Alltagsgestaltung angeregt werden können.			
2. Sie reflektieren ihr Bildungsverständnis hinsichtlich der Kommunikation mit den Kindern.			
3. Sie reflektieren die Möglichkeiten der Kinder in der pädagogischen Alltagsgestaltung, in selbstgewählten Kindergruppierungen selbstbestimmt tätig zu werden.			
4. Sie reflektieren ihr Bildungsverständnis hinsichtlich der Bildungsmöglichkeiten durch Raum- und Materialausstattung.			

Ziele:
(konkrete Aussagen/ positiv formuliert, Fristen und Termine)

Konkrete Umsetzungsplanung:
(Termine/ handelnde Personen)

Überprüfung:
(Termine/ handelnde Personen/ Zielerreichung)

3.2 Die „Pädagogischen Strategien“ im EEC-Ansatz

Die acht „pädagogischen Strategien“ sind ein Schwerpunkt der pädagogischen Arbeit des Early Excellence Ansatzes und wurden von Margy Whalley und Cath Arnold (Whalley, Arnold 1997) erarbeitet. Ihren Ursprung haben sie in verschiedenen pädagogischen Theorien des Erwachsenenverhaltens Kindern gegenüber und wurden über Jahre im Pen Green Centre weiterentwickelt.

Die „pädagogischen Strategien“ zeigen die Vielschichtigkeit der Erwachseneninterventionen, die dazu beitragen, dass ein Kind sich in der Institution wohlfühlt, sich entwickelt und lernt sowie ein Gefühl der Zugehörigkeit entwickeln kann.

Sie sind Handwerkszeug für das pädagogische Fachpersonal. Die kontinuierliche Auseinandersetzung des pädagogischen Fachpersonals mit den „pädagogischen Strategien“ unterstützt und sichert einen respektvollen, ganzheitlichen Umgang mit den Kindern und bestimmt den pädagogischen Stil der Einrichtungen.

Die acht Strategien:

1. Sanfte Intervention: Warten und Beobachten in respektvoller Distanz.

2. Kontextsensitivität: Den kindlichen Kontext kennen und fähig sein, seine früheren Erlebnisse mit einzubeziehen, damit Lernprozesse an Erfahrungen anknüpfen können.

3. Zuwendung durch physische Nähe und Mimik und damit Bestätigung (Affirmation) des Kindes.

4. Das Kind ermutigen, zu wählen und selbst zu entscheiden

5. Das Kind dabei unterstützen, angemessene Risiken einzugehen.

6. Das Kind ermutigen, etwas zu tun, was den Erwachsenen im Ablauf selbst unklar ist. Das Kind bei diesem Experiment begleiten.

7. Wissen, dass die Haltung und die Einstellung des Erwachsenen das Kind beeinflussen.

8. Der Erwachsene zeigt, dass er und das Kind im Lernen Partner sind.

Leitsatz
Die pädagogischen Fachkräfte setzen kontinuierlich die „pädagogischen Strategien“ im Umgang mit Kindern ein und sind bereit, sich dazu gegenseitig Feedback zu geben.

Indikatoren:

1. Die pädagogischen Fachkräfte setzen sich mit den acht „pädagogischen Strategien“ auseinander.

2. Sie entwickeln an alltäglichen Beispielen den eigenen Umgang mit den „pädagogischen Strategien“ und überprüfen diesen.

3. Sie gestalten ihre Zusammenarbeit so, dass sie sich kontinuierlich in Gesprächen gegenseitig aufmerksam machen, ob und wie sie die „pädagogischen Strategien“ umsetzen.

4. Sie sorgen dafür, dass die „pädagogischen Strategien“ in der Einrichtung ausgehängt werden.

5. Sie entwickeln mit den Familien über die „pädagogischen Strategien“ eine gemeinsame Sprache und tauschen sich mit ihnen über deren Erfahrungen aus.

Evaluationsbogen: „Pädagogische Strategien"

Einrichtung:	**Abteilung:**	**Datum:**	
Leitsatz **Die pädagogischen Fachkräfte setzen kontinuierlich die „pädagogischen Strategien" im Umgang mit Kindern ein und sind bereit, sich dazu gegenseitig Feedback zu geben.**			
Indikatoren	Gute Erfahrungen bislang:	Schwierigkeiten/ Stolpersteine:	Was soll verändert werden?
1. Die pädagogischen Fachkräfte setzen sich mit den acht „pädagogischen Strategien" auseinander.			
2. Sie entwickeln an alltäglichen Beispielen den eigenen Umgang mit den „pädagogischen Strategien" und überprüfen diesen.			
3. Sie gestalten ihre Zusammenarbeit so, dass sie sich kontinuierlich in Gesprächen gegenseitig aufmerksam machen, ob und wie sie die „pädagogischen Strategien" umsetzen.			
4. Sie sorgen dafür, dass die „pädagogischen Strategien" in der Einrichtung ausgehängt werden.			
5. Sie entwickeln mit den Familien über die „pädagogischen Strategien" eine gemeinsame Sprache und tauschen sich mit ihnen über deren Erfahrungen aus.			
Ziele: (konkrete Aussagen, positiv formuliert, Fristen und Termine) **Konkrete Umsetzungsplanung**: (Termine/ handelnde Personen) **Überprüfung**: (Termine/ handelnde Personen/ Zielerreichung)			

4. Modul 1 im EEC-Ansatz
Einführung in die Beobachtungssystematik

Die Beobachtungssystematik im EEC-Ansatz verlangt, dass folgende Kriterien erfüllt sind:

Sie muss
- ressourcenorientiert
- praxistauglich und
- wissenschaftsbasiert sein.

Die hier vorgestellte Systematik wurde von der Fachberatung mit den Mitarbeiterinnen des Kinder- und Familienzentrums Schillerstraße entwickelt und basiert auf spezifischen Arbeitsschritten, die in der Gesamtheit ein schlüssiges System ergeben. In die Beobachtungssystematik wurden Grundlagen der Engagiertheitsskala aus Leuven/Belgien sowie die im Pen Green Centre, Corby weiterentwickelten Schemas aufgenommen.

Diese oben genannten Voraussetzungen erfüllen auch die „Bildungs- und Lerngeschichten", die im Deutschen Jugendinstitut in einem Modellprojekt 2004 bis 2007 für die deutsche Praxis erprobt wurden (Leu 2007).

Die „Bildungs- und Lerngeschichten" können natürlich alternativ zu der unten von uns vorgeschlagenen Beobachtungssystematik beim Aufbau eines EEC eingesetzt werden. Ohnehin ergeben sich vielfältige Überschneidungen beider „Systeme". EEC setzt auf die Weiterentwicklung durch die Praxis selbst. Insofern ist davon auszugehen, dass auch die Art und Weise der Beobachtungen an die Erfordernisse vor Ort angepasst werden. Wichtig ist uns hier aber, dass ein System entsprechend systematisch erprobt wird, um überhaupt feststellen zu können, auf welche Grenzen und neue Anforderungen dieses bei der Umsetzung stößt.

Von zentraler Bedeutung ist: Die Beobachtungssystematik des EEC-Ansatzes stellt das Kind mit seinen Stärken und Kompetenzen in den Mittelpunkt. Sie herauszufinden gelingt über regelmäßige ressourcenorientierte Beobachtungen und dies ist zentrale Aufgabe von Erzieher/innen. Das veränderte Verständnis über die Selbstbildungsprozesse der Kinder findet sich in dem Beobachtungssystem wieder, in dem Kinder nur in selbstgewählten Tätigkeiten beobachtet werden.

In dem hier vorgeschlagenen Beobachtungsbogen wird die Aufmerksamkeit des pädagogischen Fachpersonals auf drei Aspekte gerichtet:

- Das emotionale Wohlbefinden und die Engagiertheit in Anlehnung an die Leuvener Entwicklungsskala von F.Laevers, Belgien (Laevers 1997).
- Die Schemata des Kindes in Anlehnung an die Arbeit im EEC Pen Green (Whalley 2008, Whalley und Arnold 1997).
- Die Bildungsbereiche aus dem Berliner Bildungsprogramm (Senatsverwaltung für Bildung, Jugend und Sport 2004).

Mehrere Erzieher/innen beobachten jeweils ein Kind. Alle Erzieher/innen einer Abteilung/ Etage/Einheit – mindestens drei Personen, aussagekräftiger sind mehr – beobachten in regelmäßigen Abständen mit Hilfe des standardisierten Beobachtungsbogens zwei Kinder in der Woche.

Die „Beobachtungskinder" sind nicht nur dem pädagogischen Fachpersonal, sondern auch den Familien bekannt.

Jede Erzieherin wählt für die Beobachtungssequenz eine selbstgewählte Tätigkeit des Kindes aus. Die Beobachtungsdauer beträgt ca.10 Minuten. Die Erzieher/innen tragen wertfrei die genauen Handlungen des beobachteten Kindes in den Beobachtungsbogen ein.

Nach der Beobachtung kennzeichnet jede Erzieherin auf dem Beobachtungsbogen, welche Bildungsbereiche und welche Schemata in den Handlungen des Kindes tangiert wurden und schätzt die Signale zu emotionalem Wohlbefinden und Engagiertheit ein.

In der wöchentlich stattfindenden Besprechung (eine halbe Stunde pro Kind) der Erzieher/innen werden die Beobachtungen im kollegialen Kreisgespräch vorgestellt, gemeinsam ausgewertet und auf dieser Grundlage das individuelle Angebot für das Kind entwickelt und in den Ergebnisbogen eingetragen.

Die Bezugserzieherin setzt das individuelle Angebot für das Kind zeitnah um und wertet die Durchführung im Anschluss aus.

Nimmt ein Kind das entwickelte Angebot nicht an, geht es nicht darum, es zu überreden mitzumachen, sondern vielmehr im kollegialen Kreisgespräch eine Alternative für das Kind zu finden.

Übersicht:

Es werden zwei Kinder in der Woche von allen Erzieher/innen der Abteilung beobachtet.	Die Erzieher/innen beginnen die Beobachtung, wenn sich das Kind in einer selbstgewählten Tätigkeit, Aktivität oder im Spiel befindet.
Die Beobachtungen werden in den Beobachtungsbogen eingetragen.	In wöchentlichen Besprechungen werten die Erzieher/innen die Beobachtungen aus und entwickeln ein individuelles Angebot, dies tragen sie in den Ergebnisbogen ein.

Diese Systematik setzt sich Woche für Woche fort, so dass jede Woche (in der Abteilung/ Etage/ Einheit) zwei Kinder beobachtet werden, in der selben Woche die Auswertung der Beobachtungen der vorangegangenen Woche stattfindet und

das individuelle Angebot für zwei Kinder von den Bezugserzieher/innen durchgeführt wird.

Nach erfolgtem Angebot trägt die Bezugserzieherin die individuellen Lernschritte des Kindes in den PLOD/ Lernkreis ein. Damit können die Entwicklungsschritte des Kindes differenziert dokumentiert und mit den Familien kommuniziert werden.

Im Folgenden werden die Bausteine der Beobachtungssystematik differenziert erläutert:

- der Beobachtungsbogen,
- die Analyseverfahren „emotionales Wohlbefinden“ und „Engagiertheit“, „Schemata“, „Bildungsbereiche“,
- das Auswertungsinstrument Ergebnisbogen
- das Analyseverfahren mit dem PLOD
- und das Situationsbuch.

4.1 Der Beobachtungsbogen

Der standardisierte Beobachtungsbogen ermöglicht eine schnelle Handhabung, die Beobachtung des pädagogischen Fachpersonals im laufenden Tagesablauf zu dokumentieren.

Name des Kindes:.................................... Erzieher/in: .... Datum: ....Zeit: ....

		n	m	h	Ressourcenorientierte Beobachtung unter Berücksichtigung von wörtlicher Rede, Mimik, Körpersprache, Beziehungen		Bildungsbereiche
Emotionales Wohlbefinden	Flexibilität						Körper, Bewegung und Gesundheit
	Selbstvertrauen						Soziale und kulturelle Umwelt
	Entspannung und innere Ruhe						Sprachen, Schriftkultur und Medien
	Genießen können						Bildnerisches Gestalten
Engagiertheit	Konzentration						Musik
	Kreativität						Mathematische Grunderfahrungen
	Ausdauer						
	Reaktionsbereitschaft						Naturwissenschaftliche und technische Grunderfahrungen
	Verbale Äußerung von Zufriedenheit						

Schemata:							
□ Linien	□ Verbinden	□ Einwickeln	□ Rotation	□ Transportieren	□ Zudecken, Verstecken	□ Teilen, Zerteilen	□ Durch etwas hindurch gehen
□ Oben sein	□ Einzäunen	□ Einfüllen/ umfüllen	□ Anhäufen	□ Schichten	□ Sortieren	□ Innen und außen sein	□ Anhäufen und zerstreuen

Leitsatz
Die pädagogischen Fachkräfte haben sich fachlich mit der Beobachtungssystematik auseinandergesetzt und können diese professionell umsetzen.

Indikatoren:

1. Die Leitung der Einrichtung sorgt für regelmäßige wöchentliche Besprechungszeiten für die Auswertung der Beobachtungen.

2. Die pädagogischen Fachkräfte haben eine effektive Organisationsstruktur zur Reihenfolge der zu beobachtenden Kinder entwickelt.

3. Sie machen diese allen Beteiligten transparent.

4. Sie eruieren günstige Beobachtungsmöglichkeiten am Tag und sorgen für eine Ausstattung z.B. Klemmbretter mit Beobachtungsbögen, um diese effektiv nutzen zu können.

5. Sie haben mit Kollegen/innen, Kindern und Eltern Signale für den Umgang mit den Beobachtungssituationen vereinbart, damit die Beobachtungszeit möglichst störungsfrei verläuft.

6. Die Beobachtungssystematik wird den Familien erklärt und am Beispiel ihres Kindes konkret vorgestellt.

7. Es findet regelmäßig ein Austausch über die Erfahrungen der Familie mit ihrem Kind und den Erfahrungen in der Institution statt.

Evaluationsbogen: Umgang mit dem Beobachtungsbogen

Einrichtung: **Abteilung:** **Datum:**

Leitsatz
Die pädagogischen Fachkräfte haben sich fachlich mit der Beobachtungssystematik auseinandergesetzt und können diese professionell umsetzen.

Indikatoren	Gute Erfahrungen bislang:	Schwierigkeiten/ Stolpersteine:	Was soll verändert werden?
1. Die Leitung der Einrichtung sorgt für regelmäßige wöchentliche Besprechungszeiten für die Auswertung der Beobachtungen.			
2. Die pädagogischen Fachkräfte haben eine effektive Organisationsstruktur entwickelt zur Reihenfolge der zu beobachtenden Kinder.			
3. Sie machen diese allen Beteiligten transparent.			
4. Sie eruieren günstige Beobachtungsmöglichkeiten am Tag und sorgen für eine Ausstattung, z.B. Klemmbretter mit Beobachtungsbögen, um diese sinnvoll nutzen zu können.			
5. Sie haben mit Kollegen/innen, Kindern und Eltern Signale für den Umgang mit den Beobachtungssituationen vereinbart, damit die Beobachtungszeit möglichst störungsfrei verläuft.			
6. Die Beobachtungs-systematik wird den Familien erklärt und am Beispiel ihres Kindes konkret vorgestellt.			
7. Es findet regelmäßig ein Austausch über die Erfahrungen der Familie mit ihrem Kind und den Erfahrungen in der Einrichtung statt.			

Ziele:
(konkrete Aussagen/ positiv formuliert, Fristen und Termine)

Konkrete Umsetzungsplanung:
(Termine/ handelnde Personen)

Überprüfung:
(Termine/ handelnde Personen/ Zielerreichung)

4.2 Analyseverfahren im EEC Beobachtungssystem: Emotionales Wohlbefinden und Engagiertheit

Für die ressourcenorientierte Beobachtung sind das emotionale Wohlbefinden und die Engagiertheit des Kindes von großer Bedeutung, weil diese Signale als Anzeichen für gute Lernsituationen des Kindes gelten. Aus diesem Grund wurde die Leuvener Engagiertheits-Skala von Ferre Laevers für das Beobachtungssystem zugrunde gelegt (Laevers 1997).

Das emotionale Wohlbefinden von Kindern ist die Grundlage, auf der seine Entwicklung aufbaut. Es wird erreicht, wenn das Kind optimal mit seiner Umwelt in Kontakt treten kann.

Engagiertheit ist ein besonderer Ausdruck der menschlichen Aktivität, die sich manifestiert in Konzentration und Ausdauer, aber auch in Motivation, Interesse und Offenheit. Das Konzept der Engagiertheit hat nichts mit dem Inhalt und der Qualität einer Aktivität zu tun, sondern bezieht sich auf den Prozess des Tuns.

Engagiertheit und emotionales Wohlbefinden hängen eng zusammen. Fühlt sich das Kind wohl und ist engagiert, kann es entspannt seinen Bildungs- und Lernprozessen folgen.

Das emotionale Wohlbefinden des Kindes ist mit den Indikatoren

- Flexibilität,
- Selbstvertrauen,
- Entspannung und innere Ruhe,
- genießen können,

die Engagiertheit mit den Indikatoren

- Konzentration,
- Kreativität,
- Ausdauer,
- Reaktionsbereitschaft,
- verbale Äußerung von Zufriedenheit

als „niedrig“, „mittel“ oder „hoch skaliert“ im Beobachtungsbogen aufgenommen.

Das pädagogische Fachpersonal beurteilt in den Beobachtungen, wie sich das emotionale Wohlbefinden und die Engagiertheit des Kindes in der selbstgewählten Tätigkeit darstellen.

Leitsatz
Die pädagogischen Fachkräfte haben Kenntnisse in der Anwendung der Leuvener Engagiertheitsskala erworben und können die Signale von Wohlbefinden und Engagiertheit des Kindes in einer selbstgewählten Tätigkeit entsprechend erkennen und einordnen.

Indikatoren:

1. Sie haben sich in Ausbildung oder Fortbildung mit dem Konzept der Leuvener Engagiertheitsskala beschäftigt.

2. Sie trainieren die Anwendung am spezifischen Filmmaterial des Konzepts der Engagiertheitsskala.

3. Sie trainieren an eigenen schriftlichen Beobachtungen die Einordnung zur Skalierung: niedrig – mittel – hoch.

4. Sie wenden ihre Kenntnisse bei ihren Beobachtungen an und ordnen die Kriterien von Engagiertheit und Wohlbefinden in ihren graduellen Abstufungen ein.

Evaluationsbogen: Emotionales Wohlbefinden und Engagiertheit

Einrichtung:	**Abteilung:**	**Datum:**	
Leitsatz **Die pädagogischen Fachkräfte haben Kenntnisse in der Anwendung der Leuvener Engagiertheitsskala erworben und können die Signale von Wohlbefinden und Engagiertheit des Kindes in einer selbstgewählten Tätigkeit entsprechend erkennen und einordnen.**			
Indikatoren	Gute Erfahrungen bislang:	Schwierigkeiten/ Stolpersteine:	Was soll verändert werden?
1. Sie haben sich in Ausbildung oder Fortbildung mit dem Konzept der Leuvener Engagiertheitsskala beschäftigt.			
2. Sie trainieren die Anwendung am spezifischen Filmmaterial des Konzepts der Engagiertheitsskala.			
3. Sie trainieren an eigenen schriftlichen Beobachtungen die Einordnung zur Skalierung: niedrig – mittel – hoch.			
4. Sie wenden ihre Kenntnisse bei ihren Beobachtungen an und ordnen die Kriterien von Engagiertheit und Wohlbefinden in ihren graduellen Abstufungen ein.			
Ziele: (konkrete Aussagen/ positiv formuliert, Fristen und Termine) **Konkrete Umsetzungsplanung**: (Termine/ handelnde Personen) **Überprüfung:** (Termine/ handelnde Personen/ Zielerreichung)			

4

4.3 Analyseverfahren im EEC Beobachtungssystem: Schemata/ Verhaltensmuster

Kindliches Verhalten ist geprägt durch biologische und soziokulturelle Einflüsse und zeigt sich als Schema/ Verhaltensmuster.

Ein Schema ist ein wiederholbares Verhaltensmuster, in das Erfahrungen integriert werden. Kinder, die ihren Schemata folgend Dinge ausprobieren können, koordinieren ihre Handlungen, sammeln Erfahrungen und können diese für sich verarbeiten. Mit kontinuierlich zunehmenden Erfahrungen bilden sich komplexe Systeme der Aneignung der Welt („*cluster of schemas*“).

Vielfältige Angebote, unterschiedlichste Materialien und herausfordernde Aktivitäten unterstützen diese Aneignungsprozesse.

Die Auseinandersetzung mit der Schematheorie eröffnet dem Fachpersonal die Möglichkeit, einerseits das Verhalten des Kindes zu verstehen und andererseits angemessen darauf zu reagieren. Die begleitende Sprache des pädagogischen Fachpersonals zur Tätigkeit des Kindes gibt den Kindern neue Worte und eröffnet bzw. vertieft Sinnzusammenhänge. Das Denken des Kindes erweitert sich. Pädagogische Fachkräfte, die mit der Schematheorie arbeiten, gewinnen darüber hinaus eine gute Grundlage, Eltern in die Aneignungsprozesse ihrer Kinder einzubeziehen.

4

Leitsatz
Die pädagogischen Fachkräfte beobachten die Tätigkeiten des Kindes und analysieren, welche Schemata zu erkennen sind.

Indikatoren:

1. Die pädagogischen Fachkräfte setzen sich mit der Schematheorie auseinander und haben Kenntnisse dazu erworben.

2. Sie treten regelmäßig in fachlichen Austausch über ihre Erkenntnisse zur Schematheorie.

3. Sie erkennen in den Tätigkeiten des Kindes, welche Schemata aktuell relevant sind.

4. Sie nehmen sich Zeit, mit den Familien über die Schemata des Kindes zu sprechen.

Evaluationsbogen: Schemata/ Verhaltensmuster

Einrichtung:	**Abteilung:**	**Datum:**	
Leitsatz **Die pädagogischen Fachkräfte beobachten die Tätigkeiten des Kindes und analysieren, welche Schemata zu erkennen sind.**			
Indikatoren	Gute Erfahrungen bislang:	Schwierigkeiten/ Stolpersteine:	Was soll verändert werden?
1. Die pädagogischen Fachkräfte setzen sich mit der Schematheorie auseinander und haben Kenntnisse dazu erworben.			
2. Sie treten regelmäßig in fachlichen Austausch über ihre Erkenntnisse zur Schematheorie.			
3. Sie erkennen in den Tätigkeiten des Kindes, welche Schemata aktuell relevant sind.			
4. Sie nehmen sich Zeit, mit den Familien über die Schemata des Kindes zu sprechen.			

Ziele:
(konkrete Aussagen/ positiv formuliert, Fristen und Termine)

Konkrete Umsetzungsplanung:
(Termine/ handelnde Personen)

Überprüfung:
(Termine/ handelnde Personen/ Zielerreichung)

4

4.4 Analyseverfahren im EEC Beobachtungssystem: Bildungsbereiche

Die EEC- Beobachtungssystematik nimmt die Bildungsbereiche aus dem Bildungsprogramm des Landes Berlin auf:

- *Körper, Bewegung und Gesundheit*
- *Soziale und kulturelle Umwelt*
- *Kommunikation: Sprachen, Schriftkultur und Medien*
- *Bildnerisches Gestalten*
- *Musik*
- *Mathematische Grunderfahrungen*
- *Naturwissenschaftliche und technische Grunderfahrungen.*
  (Senatsverwaltung für Bildung, Jugend und Sport 2004)

Diese Systematik folgt der Begründung, dass

- kindliche Aneignungstätigkeit an die Körpererfahrung gebunden ist, die durch Bewegung erzeugt wird und dass Gesundheit, verstanden als umfassendes physisches, psychisches und soziales Wohlbefinden, hierfür wichtige Voraussetzung ist,
- Bildung ohne soziale Beziehung nicht denkbar ist und kulturell geprägt wird,
- Sprache in unserer Gesellschaft das vorherrschende Medium ist, in dem wir miteinander kommunizieren, mit dem wir Erkenntnis strukturieren und systematisieren und dass Schriftsprache unverzichtbar ist, um sich in der Wissensgesellschaft zu orientieren, zu beteiligen und erfolgreich zu sein,
- ästhetische Wahrnehmung und bildnerischer Ausdruck ein eigenständiger Weg zur Auseinandersetzung mit der Wirklichkeit und ihrer Strukturierung ist,
- Musik mit ihren Melodien, Rhythmen und Klangfarben wesentliche Quelle für seelische Empfindung und Genuss ist und zugleich Verständigungsmöglichkeiten über Sprachgrenzen hinweg eröffnet,
- Mathematik dem Kind hilft, die Welt zu ordnen, in der Vielfalt der Erfahrungen zu Verallgemeinerungen zu kommen, Begriffe zu finden und Verlässlichkeit zu erfahren,
- naturwissenschaftliche Beobachtungen und der Umgang mit Technik und Medien Fragen erzeugen und zu Experimenten anregen, die dem Kind ermöglichen, sich selbst in Beziehung zur Welt zu setzen und logische Zusammenhänge zu erkennen.

Die Reihenfolge der Bildungsbereiche ist keine Rangfolge. Alle Bildungsbereiche sind gleichwertig und stehen miteinander in Beziehung.

Leitsatz
Die pädagogischen Fachkräfte reflektieren, welche Bildungsbereiche in den beobachteten Tätigkeiten des Kindes berührt werden und markieren diese auf dem Beobachtungsbogen.

Indikatoren:

1. Sie haben sich in Ausbildung oder Fortbildung mit den Aussagen des jeweilig gültigen Bildungsprogramms und den Bildungsbereichen befasst.

2. Sie diskutieren an Hand von Beobachtungen und evtl. Filmmaterial, welche Bildungsbereiche in bestimmten kindlichen Tätigkeiten herauszufiltern sind.

3. Sie können die selbstgewählten Tätigkeiten des Kindes den einzelnen Bildungsbereichen zuordnen.

4. Sie entwickeln Ideen, mit welchem Materialien, Außenaktivitäten, Büchern, Gesprächen, Projekten die Kinder in ihrer Wissbegierde zu den jeweiligen Bildungsbereichen unterstützt werden können.

5. Sie beziehen dabei die Kompetenzen der Familien ein.

Evaluationsbogen: Bildungsbereiche

Einrichtung: **Abteilung:** **Datum:**

Leitsatz
Die pädagogischen Fachkräfte reflektieren, welche Bildungsbereiche in den beobachteten Tätigkeiten des Kindes berührt werden und markieren diese auf dem Beobachtungsbogen.

Indikatoren	Gute Erfahrungen bislang:	Schwierigkeiten/ Stolpersteine:	Was soll verändert werden?
1. Sie haben sich in Ausbildung oder Fortbildung mit den Aussagen des jeweilig gültigen Bildungsprogramms und den Bildungsbereichen befasst.			
2. Sie diskutieren anhand von Beobachtungen und evtl. Filmmaterial, welche Bildungsbereiche in bestimmten kindlichen Tätigkeiten herauszufiltern sind.			
3. Sie können die selbst-gewählten Tätigkeiten des Kindes den einzelnen Bildungsbereichen zuordnen.			
4. Sie entwickeln Ideen, mit welchem Materialien, Außenaktivitäten, Büchern, Gesprächen, Projekten die Kinder in ihrer Wissbegierde zu den jeweiligen Bildungsbereichen unterstützt werden können.			
5. Sie beziehen dabei die Kompetenzen der Familien ein.			

Ziele:
(konkrete Aussagen/ positiv formuliert, Fristen und Termine)

Konkrete Umsetzungsplanung:
(Termine/ handelnde Personen)

Überprüfung:
(Termine/ handelnde Personen/ Zielerreichung)

4.5 Auswertungsinstrument: Der Ergebnisbogen

In den wöchentlichen Auswertungsgesprächen des pädagogischen Fachpersonals über die Beobachtungen wird der Ergebnisbogen durch den/die jeweilige Bezugserzieher/in ausgefüllt. Der Ergebnisbogen dient als Unterstützung für das pädagogische Fachpersonal, die Erkenntnisse aus mehreren Beobachtungen über ein Kind zu bündeln und zu dokumentieren. Für die Familien kann mit dem Bogen das Maß des emotionalen Wohlbefindens und der Engagiertheit des Kindes verdeutlicht werden, aber auch seine Interessen in den Bildungsbereichen und die Schemata in seinen Handlungen. Der Bogen wird in dem Elternordner abgeheftet und kann von den Familien jederzeit eingesehen werden.

Ergebnisbogen der Beobachtung

Name des Kindes: ____________________
Name des/r Bezugserzieher/in: ____________________
Beobachtet von bis: ____________________

Anzahl der Beobachtungen: ____________________

Bildungsbereiche aus dem Berliner Bildungsprogramm:
Körper, Bewegung und Gesundheit
Soziale und kulturelle Umwelt
Sprache, Schriftkultur und Medien
Bildnerisches Gestalten
Musik
Mathematische Grunderfahrungen
Naturwissenschaftliche und technische Grunderfahrungen

Schemas/ Verhaltensmuster des Kindes:

Emotionales Wohlbefinden: ____________________
Engagiertheit: ____________________

Spielpartner des Kindes:

Planung für das individuelle Angebot:
____

Welches Material ist notwendig?
____
Wer führt es durch? **Wann?**
____
Welche Kinder können daran teilnehmen?

Auswertung des individuellem Angebot: ____________________

Barbara Kühnel, Kita/ Fachberatung, PFH 2007

Leitsatz
Die pädagogischen Fachkräfte benutzen den Ergebnisbogen zur übersichtlichen Dokumentation der Ergebnisse aus den Auswertungsgesprächen des pädagogischen Fachpersonals über die Beobachtungen.

Indikatoren:

1. Die pädagogischen Fachkräfte sind in die Anwendung des Ergebnisbogens eingearbeitet.
2. Sie halten den Bogen für die Auswertung der Beobachtung „ihres Bezugskindes" bereit und tragen die Erkenntnisse der Besprechung im Bogen ein.
3. Sie achten bei der Auswertung darauf, dass alle Rubriken des Ergebnisbogens besprochen werden.
4. Sie heften den Bogen in den Entwicklungsordner ein.
5. Sie nutzen den Ergebnisbogen für die Gespräche mit den Eltern.

Evaluationsbogen: Ergebnisbogen

Einrichtung:	**Abteilung:**	**Datum:**	
Leitsatz **Die pädagogischen Fachkräfte benutzen den Ergebnisbogen zur übersichtlichen Dokumentation der Ergebnisse aus den Auswertungsgesprächen des pädagogischen Fachpersonals über die Beobachtungen.**			
Indikatoren	Gute Erfahrungen bislang:	Schwierigkeiten/ Stolpersteine:	Was soll verändert werden?
1. Die pädagogischen Fach-kräfte sind in die Anwendung des Ergebnisbogens eingearbeitet.			
2. Sie halten den Bogen für die Auswertung der Beobachtung „ihres Bezugskindes“ bereit und tragen die Erkenntnisse der Besprechung im Bogen ein.			
3. Sie achten bei der Auswertung darauf, dass alle Rubriken des Ergebnisbogens besprochen werden.			
4. Sie heften den Bogen in den Entwicklungsordner ein.			
5. Sie nutzen den Ergebnisbogen für die Gespräche mit den Eltern.			
Ziele: (konkrete Aussagen/ positiv formuliert, Fristen und Termine)			
Konkrete Umsetzungsplanung: (Termine/ handelnde Personen)			
Überprüfung: (Termine/ handelnde Personen/ Zielerreichung)			

4

4.6 Analyseverfahren im EEC Beobachtungssystem: Der PLOD = Lernkreis

PLOD – Tabellen heißen übersetzt „Tabellen möglicher Entwicklungslinien“ (Possible Lines of Direction Charts). Diese helfen, „...unsere Beobachtungen der Interessen und Schemas des Kindes zu integrieren und gleichzeitig Verbindungen mit einigen Zielen frühen Lernens herzustellen“ (Whalley u. Dennison 2008, S. 163).

Nach einem individuellen Angebot füllen die pädagogischen Mitarbeiter/innen gemeinsam für das Kind den PLOD aus.
Sie tragen den Namen des Kindes in der Mitte ein, übertragen die Schemata und die tangierten Bildungsbereiche, reflektieren und notieren, welche Lernerfahrungen das Kind gemacht hat.

4

PLOD **Lernkreis**

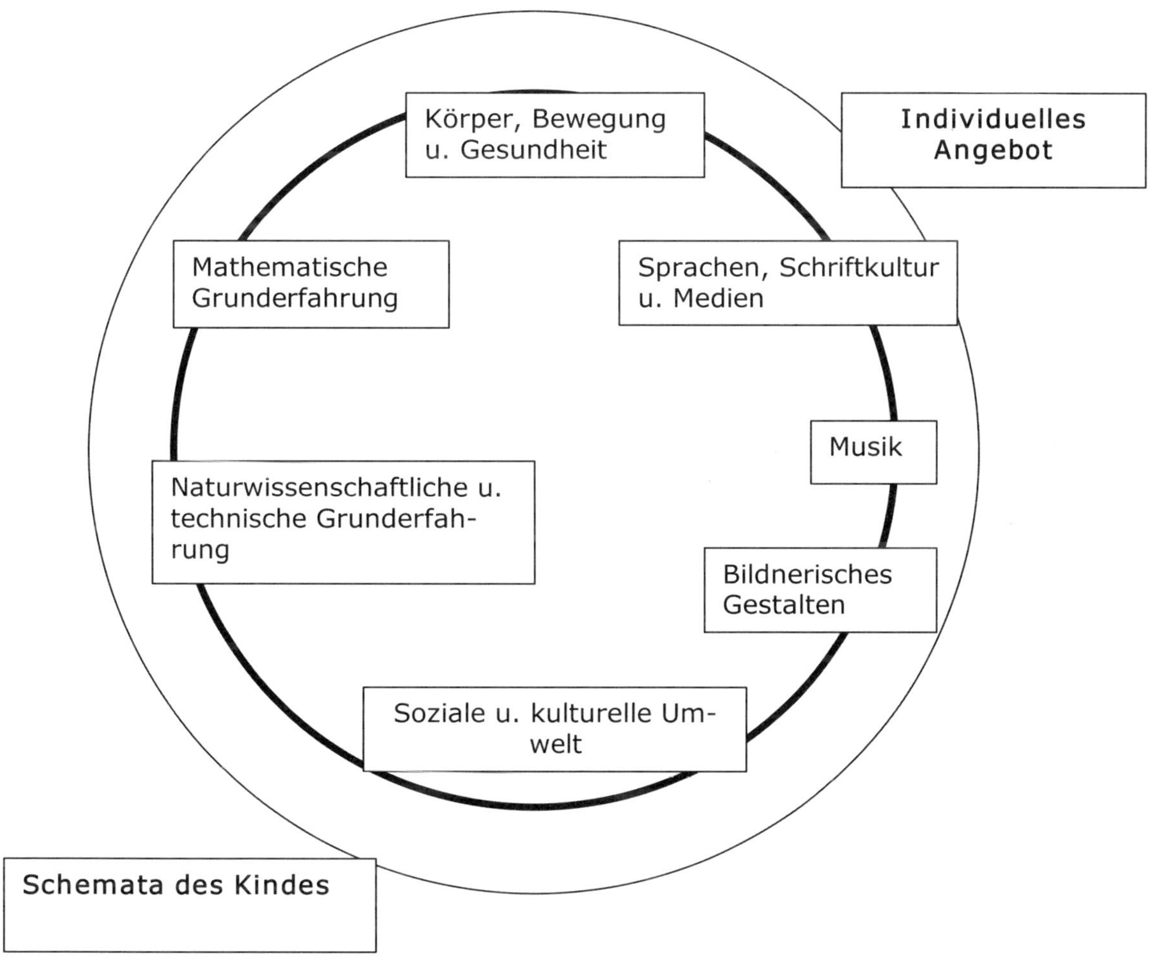

Leitsatz
Nach jedem individuellen Angebot oder in regelmäßigen Abständen dokumentieren die pädagogischen Fachkräfte mit dem PLOD/Lernkreis die Bildungsprozesse der Kinder.

Indikatoren:

1. Die pädagogischen Fachkräfte haben Kenntnisse in der Anwendung des PLOD erworben.

2. Sie nutzen den PLOD für die Dokumentation der Bildungsprozesse nach jedem individuellen Angebot oder in regelmäßigen Abständen.

3. Sie planen Zeiten für den gemeinsamen fachlichen Austausch und die Erkenntnisdokumentation mit dem PLOD/ Lernkreis im Dienstplan ein.

4. Sie stellen den PLOD des Kindes den Familien vor und gehen mit den Eltern in den Austausch, ob diese ähnliche Erkenntnisse über die Bildungs- und Entwicklungsprozesse des Kindes haben.

5. Sie stellen mit den Familien gemeinsame Überlegungen zur weiteren Unterstützung der Entwicklung des Kindes an.

Evaluationsbogen: PLOD / Lernkreis

Einrichtung:	**Abteilung:**	**Datum:**	
Leitsatz **Nach jedem individuellen Angebot oder in regelmäßigen Abständen dokumentieren die pädagogischen Fachkräfte mit dem PLOD/Lernkreis die Bildungsprozesse der Kinder.**			
Indikatoren	Gute Erfahrungen bislang:	Schwierigkeiten/ Stolpersteine:	Was soll verändert werden?
1. Die pädagogischen Fachkräfte haben Kenntnisse in der Anwendung des PLOD erworben.			
2. Sie nutzen den PLOD für die Dokumentation der Bildungsprozesse nach jedem individuellen Angebot oder in regelmäßigen Abständen.			
3. Sie planen Zeiten für den gemeinsamen fachlichen Austausch und die Erkenntnisdokumentation mit dem PLOD/ Lernkreis im Dienstplan ein.			
4. Sie stellen den PLOD des Kindes der Familien vor und gehen mit den Eltern in den Austausch, ob diese ähnliche Erkenntnisse über die Bildungs- und Entwicklungsprozesse des Kindes haben.			
5. Sie stellen mit den Familien gemeinsame Überlegungen zur weiteren Unterstützung der Entwicklung des Kindes an.			

Ziele:
(konkrete Aussagen/ positiv formuliert, Fristen und Termine)

Konkrete Umsetzungsplanung:
(Termine/ handelnde Personen)

Überprüfung:
(Termine/ handelnde Personen/ Zielerreichung)

4.7 Das Situationsbuch

Für jedes Kind und mit ihm gemeinsam wird mindestens ein Situationsbuch im Jahr hergestellt.

Das Situationsbuch enthält Fotografien entweder einer selbstgewählten Tätigkeit des Kindes, des individuellen Angebotes oder der Eingewöhnung des Kindes mit ergänzenden Fotos der Familienmitglieder und der Bezugserzieherin. Das Situationsbuch ist als abgeschlossenes Buch zu betrachten, es folgt nicht dem Gedanken, es zu ergänzen oder zu vervollständigen. Es wirft eine Momentaufnahme auf das Kind in einer Situation seines Lebens.

Bewährt hat sich das DIN A 5 Format mit ca. 10-12 Fotos.

Das Kind und seine Bezugserzieherin wählen gemeinsam die Fotos für das Buch aus. In einem intensiven Dialog zwischen Bezugserzieherin und Kind stehen die Erfahrungen und Erlebnisse, seine Lernprozesse und Gefühle im Mittelpunkt der Aufmerksamkeit. Die Kommentare des Kindes werden in dem Buch dokumentiert.

Für junge Kinder kommt das Situationsbuch einem Übergangsobjekt gleich, welches die Verbindung zwischen Elternhaus und Institution schafft. Für alle Kinder bietet es die Chance, in Kommunikation zu anderen Kindern und Erzieher/innen sowie Besucher/innen zu treten.

Erfahrungsgemäß bietet das Buch viele Sprachanregungen für alle Kinder, auch für Kinder, die Deutsch nicht als Erstsprache sprechen. Häufig nehmen Kinder mit dem Situationsbuch Kontakt mit Kindern in ihrer Muttersprache auf und erweitern ihre muttersprachlichen Sprachkompetenzen.

Situationsbücher erhalten in der Kindertagesstätte einen angemessenen Platz, gut sichtbar und jederzeit erreichbar für das Kind und seine Familie.

Familien werden ermutigt, wenn möglich ein Situationsbuch für ihr Kind zu erstellen. Sie erhalten dafür Unterstützung durch das pädagogische Fachpersonal.

Auf unterschiedlichen Ebenen ist das Situationsbuch von hoher Bedeutung für das Kind:

- Reflektion der eigenen Aktivitäten und somit von lernmethodischen Kompetenzen
- selbstbestimmter Zugang zu dem Buch
- Kommunikation mit der Erzieherin über die Aktivität
- Kommunikation mit anderen Kindern.

Leitsatz
Die pädagogischen Fachkräfte erstellen mit jedem Bezugskind in bestimmten Zeitabständen ein Situationsbuch.

Indikatoren:

1. Die pädagogischen Fachkräfte haben sich mit der Bedeutung des Situationsbuches für das Kind auseinandergesetzt.
2. Sie organisieren in Absprache mit Kolleg/innen, wann und in welchen Zeitabständen mit dem Kind ein Situationsbuch erarbeitet werden kann und sorgen für Zeiten der Durchführung im Dienstplan.
3. Sie beschaffen Material und Fotos für die Erstellung des Situationsbuches.
4. Sie sorgen bei der Erstellung des Situationsbuches für eine ungestörte, angenehme Atmosphäre für das Kind.
5. Während der Erstellung des Situationsbuches treten sie mit dem Kind in einen einfühlsamen Dialog bei der Auswahl der Fotos und verschriftlichen die Kommentare des Kindes.
6. Sie sorgen für einen ansprechenden Platz (offenes Regal) in der Einrichtung für die Situationsbücher, der Kindern und Eltern jederzeit zugänglich ist.
7. Sie nehmen sich Zeit, die Familien auf das Buch aufmerksam zu machen.
8. Sie werben bei Familien dafür, ebenfalls ein Situationsbuch für und mit ihrem Kind zu erstellen und unterstützen sie dabei.

Evaluationsbogen: Situationsbuch

Einrichtung:	Abteilung:		Datum:
Leitsatz **Die pädagogischen Fachkräfte erstellen mit jedem Bezugskind ein Situationsbuch.**			
Indikatoren	Gute Erfahrungen bislang:	Schwierigkeiten/ Stolpersteine:	Was soll verändert werden?
1. Sie organisieren in Absprache mit Kolleg/innen, wann und in welchen Zeitabständen mit dem Kind ein Situationsbuch erarbeitet werden kann und sorgen für Zeiten der Durchführung im Dienstplan.			
2. Die pädagogischen Fachkräfte haben sich mit der Bedeutung des Situationsbuches für das Kind auseinandergesetzt.			
3. Sie beschaffen Material und Fotos für die Erstellung des Situationsbuches.			
4. Sie sorgen bei der Erstellung des Situationsbuches für eine ungestörte, angenehme Atmosphäre für das Kind.			
5. Während der Erstellung des Situationsbuches treten sie mit dem Kind in einen einfühlsamen Dialog bei der Auswahl der Fotos und verschriftlichen die Kommentare des Kindes.			
6. Sie sorgen für einen ansprechenden Platz (offenes Regal) in der Einrichtung für die Situationsbücher, der Kindern und Eltern jederzeit zugänglich ist.			
7. Sie nehmen sich Zeit, die Familien auf das Buch aufmerksam zu machen.			
8. Sie werben bei Familien dafür, ebenfalls ein Situationsbuch für ihr Kind zu machen und unterstützen sie dabei.			

4

Ziele:
(konkrete Aussagen/ positiv formuliert, Fristen und Termine)

Konkrete Umsetzungsplanung:
(Termine/ handelnde Personen)

Überprüfung:
(Termine/ handelnde Personen/ Zielerreichung)

4

5. Modul 2 im EEC-Ansatz: Zusammenarbeit mit Familien

Die Zusammenarbeit zwischen pädagogischem Fachpersonal Kindertagesstätten und Familien basiert auf spezifischen Gesetzen, Grundgesetz Art. 6, BGB und SGB VIII, KJHG und in Berlin dem KitaFöG § 14 und § 15. Der gesetzliche Auftrag an pädagogische Fachkräfte in Kindertagesstätten lautet demnach, Eltern aktiv in die Entwicklungs- und Bildungsprozesse ihrer Kinder einzubeziehen.

Der EEC- Ansatz verlangt darüber hinaus, Eltern in ihrer Rolle als Experten und erste Erzieher ihrer Kinder an- und ernst zu nehmen. Die Haltung des pädagogischen Fachpersonals gegenüber den Eltern ist somit geprägt vom Bewusstsein, die Eltern zu akzeptieren in ihrer für ihr Kind wesentlichen Funktion und Bedeutung. Deshalb unterstützt das pädagogische Fachpersonal Eltern in alltags-, erziehungs- und entwicklungsbedingten Phasen des Kindes und respektiert die Familien in der Unterschiedlichkeit ihrer Lebensentwürfe und Lebensbedingungen.

Das pädagogische Fachpersonal ist aufgefordert, mit den Familien eine gemeinsame Sprache und ein gemeinsames Verständnis darüber zu entwickeln, wie Kinder lernen und warum sie das so tun, wie sie es tun. Im Mittelpunkt steht der Entwicklungsweg des Kindes in der Familie und in der Institution. Auch Familien nicht deutscher Herkunftssprache und Familien in schwierigen Lebenssituation erhalten die Botschaft, dass sie wichtig für ihre Kinder sind, ihre Erfahrungen mit den Kindern von Bedeutung sind, ein hohes Interesse an der jeweiligen Kultur besteht und dieses Wissen für die professionelle Arbeit in der Kindertagesstätte wichtig ist.

Die pädagogischen Fachkräfte interessieren sich für die Theorien der Eltern über die Entwicklung ihres Kindes und die Visionen für ihr Kind. Sie teilen ihr theoretisches Wissen und ihre Erfahrungen auf der Grundlage der kontinuierlichen Beobachtungen in der Institution mit den Eltern.

Das Pestalozzi- Fröbel Haus folgt hier dem Grundsatz des Pen Green Centre: „...alle Eltern sind jedoch individuell verschieden; wenn wir unsere Angebote für alle Eltern erreichbar machen wollen, müssen wir daher unsere Verfahren, Eltern einzubeziehen, beständig überprüfen. Jedes Kind hat ein Recht darauf, dass seine Eltern sich an seiner Erziehung beteiligen und wir haben die Pflicht, den Eltern diese Beteiligung auch zu ermöglichen“ (Arnold 2008, S. 114).

Dieser ressourcenorientierte Blick des pädagogischen Fachpersonals auf die Wünsche und Vorstellungen der Familien für ihr Kind und der respektvolle Umgang damit sichern dem Kind bestmögliche Entwicklungsbedingungen.

5.1 Der „Pen Green Loop“

Der „Pen Green Loop“, entwickelt im Pen Green Centre in Corby, ist in der Anwendung eine Rückkoppelungsschleife zwischen Familien und pädagogischem Fachpersonal. Dieser Loop stellt die konkrete Zusammenarbeit und das Zusammenführen von Erfahrungen über die Entwicklung des Kindes in der Familie und in der Institution dar.

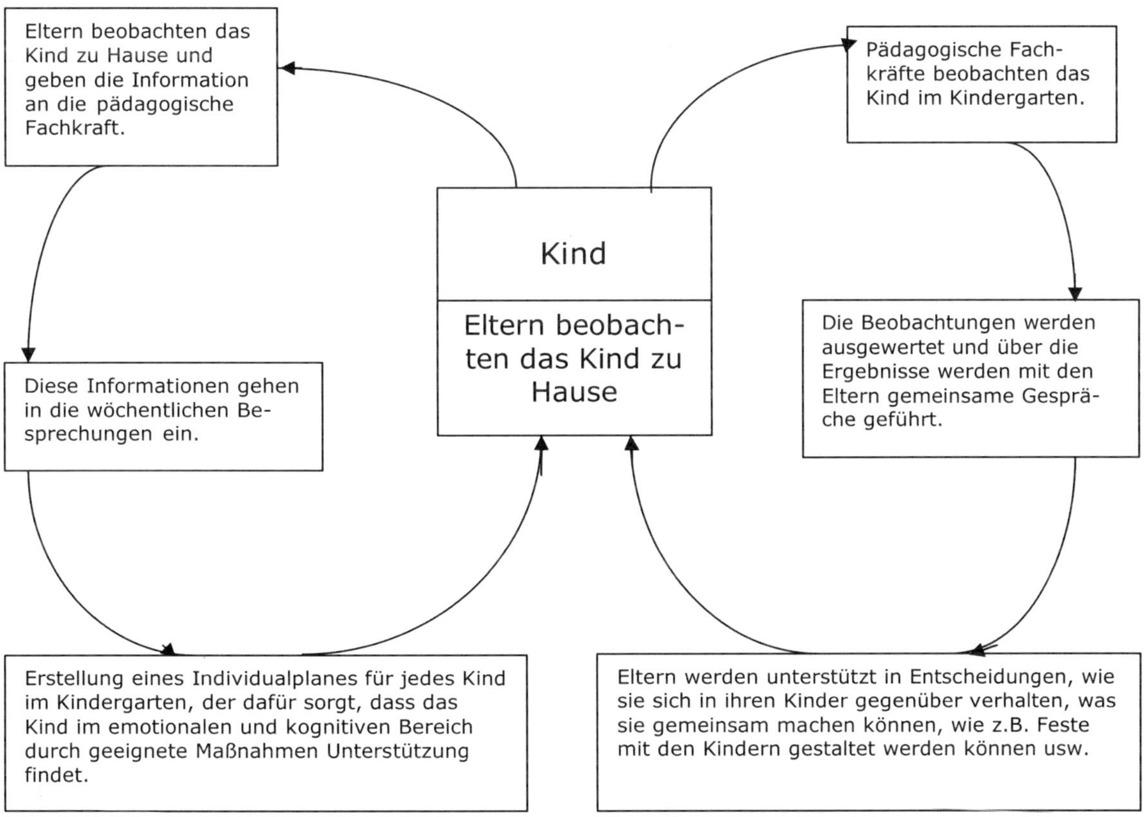

5

5.2 Instrumente der Zusammenarbeit

Die nachfolgend aufgelisteten Ansätze zeigen die Vielfalt der Möglichkeiten, eine vertrauensvolle Basis in der Zusammenarbeit mit Familien zu etablieren:

- Hausbesuche, bevor das Kind in die Institution aufgenommen wird oder auch während der Kitazeit, bei denen die pädagogische Fachkraft die familiäre Lebenswelt des Kindes kennenlernt und ihr Interesse daran zum Ausdruck bringt.
- Die professionelle Eingewöhnung des Kindes und seiner Familie.
- Gespräche zwischen pädagogischem Fachpersonal und der Familie auf der Grundlage regelmäßiger ressourcenorientierter Beobachtungen.
- Gespräche mit den Familien einzeln oder in Kleingruppen, in denen mit den Familien eine gemeinsame Sprache über kindliche Entwicklungs- und Lernschritte entwickelt wird.
- Gemeinsame Veranstaltungen, in denen Familien durch kurze Videoaufnahmen gezeigt wird, womit sich ihr Kind in der Einrichtung beschäftigt, welchem Entwicklungs- und Lernweg es z. Zt. folgt. Die Aufnahmen bieten Gelegenheit, mit der Familie zu sprechen, ob diese Entwicklung auch in der Familie zu erkennen ist.
- Familien erhalten von der Bezugserzieherin ein sogenanntes „Tagebuch“, in dem sie festhalten können, woran ihr Kind interessiert ist und womit es sich beschäftigt. Familien mit wenig Deutschkenntnissen werden unterstützt, sich untereinander Hilfestellungen zu geben.
- Themenbezogene Elternabende bieten die Möglichkeit, sich über aktuelle pädagogische Themen oder entscheidende Entwicklungsphasen von Kindern und den Umgang damit auseinander zu setzen.
- Gemeinsame Aktivitäten und Feste für alle Beteiligte auf dem Hintergrund und mit Einbeziehung kultureller Unterschiede und Kompetenzen.
- Öffnung für Familien, deren Kinder sich noch nicht in der Einrichtung befinden, durch ein Familiencafé oder Gruppenangebote für Familien mit jüngeren Kindern usw.

Im Folgenden sind zum einen Qualitätskriterien zu den **Methoden der Zusammenarbeit mit Familien** und zum anderen zur direkten Umsetzung in **Gesprächen** definiert.

5

Leitsatz 1
Die pädagogischen Fachkräfte ermöglichen den Familien durch vielfältige Methoden der Zusammenarbeit, in den gemeinsamen Austausch über die Entwicklung des Kindes zu treten.

Indikatoren

1. Die pädagogischen Fachkräfte analysieren, mit welchen Methoden des Kontakts und des Austausches jede einzelne Familie erreicht werden kann.

2. Sie bieten jeder Familie vielfältige Möglichkeiten für Kontakt und Austausch an und nehmen sich Zeit, deren Wünsche und Erwartungen in angenehmer Atmosphäre zu erfragen.

3. Sie unterstützen Familien darin, ihre Kompetenzen und Fähigkeiten entsprechend ihrer Möglichkeiten in den Alltag der Einrichtung einfließen zu lassen.

5.3 Gespräche mit den Familien

Mit den Familien finden mindestens zweimal im Jahr Gespräche auf der Grundlage der Beobachtungen des Kindes und der daraus resultierenden Erkenntnisse statt. Darüber hinaus tritt das pädagogische Fachpersonal aktiv mit den Eltern in den Austausch.

Leitsatz 2
Die professionelle Haltung der pädagogischen Fachkräfte im Sinne des EEC - Ansatzes beinhaltet das Bewusstsein, dass für die Verständigung mit Familien eine gemeinsame Sprache zu entwickeln ist.

Indikatoren:

1. Die pädagogischen Fachkräfte erwerben Kompetenzen, professionelle Gespräche mit Eltern und anderen Familienmitgliedern zu führen.

2. Sie gehen auf die Familienmitglieder zu und zeigen ihr Interesse am täglichen Austausch über das Kind und die Situation in der Familie.

3. Sie tauschen sich mit den Familien aus, um ein gemeinsames Verständnis über kindliche Entwicklungs- und Bildungsprozesse herzustellen.

4. Sie laden Eltern und evtl. andere Familienmitglieder zu vorbereiteten Gesprächen über die Entwicklung des Kindes ein und beziehen sich auch auf die ressourcenorientierten Beobachtungen und die individuellen Angebote.

5. Sie interessieren sich für die besonderen Interessen, Fähigkeiten und Kenntnisse der Familienmitglieder.

6. Sie ermutigen die Familienmitglieder dazu, Vorschläge, Wünsche und Kritik einzubringen.

7. Sie bieten vielfältige Zeiten für Kontakte zwischen Erzieher/innen und Familien an.

8. Sie achten darauf, dass pädagogische Begriffe gemeinsam diskutiert werden.

5.4 Auswertungsinstrument: Ergebnisbogen für Gespräche mit Familien

Der Protokollergebnisbogen für Gespräche mit den Familien dient dazu, nach einem erfolgten Gespräch mit den Familien kurz und vor allem auch zeitsparend die Inhalte, Ergebnisse und Absprachen einzutragen. Dieser Bogen wird in den Elternordner eingeheftet und ist damit auch den Familien jederzeit zugänglich.

Ergebnisprotokollbogen für Gespräche mit den Eltern

Name des Kindes: Gesprächsdatum:

Bezugserzieher/in: Beteiligte Eltern/ weitere Personen:

Material:
Elternordner ☐ Situationsbuch ☐ PLOD ☐ Fotos ☐ Videoaufnahme ☐

Aus Sicht der Erzieherin:
Inhalt der letzten Beobachtungssituationen nach der Beobachtungssystematik EEC:

Vorstellung des individuellen Angebots:

Aus Sicht der Familie:
Welche Verhaltensmuster zeigt das Kind in der Familie?

An welchen Dingen hat das Kind Interesse, Spaß, stellt Fragen, in der Familie?

Gemeinsame Überlegungen:
Wie kann das Kind durch entsprechende Materialien, Angebote, Aktivitäten zu Hause und in der Kita unterstützt werden?

Wünsche der Eltern:

Wünsche der Erzieher/innen:

Absprachen:

Barbara Kühnel, Kita/ Fachberatung, PFH 2006

Nachfolgend die Evaluationsbögen für die Leitsätze 1 und 2.

5

Evaluationsbogen: Instrumente der Zusammenarbeit mit Familien

Einrichtung:	**Abteilung:**	**Datum:**	
Leitsatz 1 **Die pädagogischen Fachkräfte ermöglichen den Familien durch vielfältige Methoden der Zusammenarbeit, in den gemeinsamen Austausch über die Entwicklung des Kindes zu treten.**			
Indikatoren	Gute Erfahrungen bislang:	Schwierigkeiten/ Stolpersteine:	Was soll verändert werden?
1. Die pädagogischen Fachkräfte analysieren, mit welchen Methoden des Kontakts und des Austausches jede einzelne Familie erreicht werden kann.			
2. Sie bieten jeder Familie vielfältige Möglichkeiten für Kontakt und Austausch an und nehmen sich Zeit, deren Wünsche und Erwartungen in angenehmer Atmosphäre zu erfragen.			
3. Sie unterstützen Familien darin, ihre Kompetenzen und Fähigkeiten entsprechend ihrer Möglichkeiten in den Alltag der Einrichtung einfließen zu lassen.			

Ziele:
(konkrete Aussagen/ positiv formuliert, Fristen und Termine)

Konkrete Umsetzungsplanung:
(Termine/ handelnde Personen)

Überprüfung:
(Termine/ handelnde Personen/ Zielerreichung)

5

Evaluationsbogen: Gespräche mit Eltern

Einrichtung:	**Abteilung:**	**Datum:**	
Leitsatz 2 **Die professionelle Haltung der pädagogischen Fachkräfte im Sinne des EEC-Ansatzes beinhaltet das Bewusstsein, dass für die Verständigung mit Familien eine gemeinsame Sprache zu entwickeln ist.**			
Indikatoren	Gute Erfahrungen bislang:	Schwierigkeiten/ Stolpersteine:	Was soll verändert werden?
1. Die pädagogischen Fachkräfte erwerben Kompetenzen, professionelle Gespräche mit Eltern und anderen Familienmitgliedern zu führen.			
2. Sie gehen auf die Familienmitglieder zu und zeigen ihr Interesse am täglichen Austausch über das Kind und die Situation in der Familie.			
3. Sie tauschen sich mit den Familien aus, um ein gemeinsames Verständnis über kindliche Entwicklungs- und Bildungsprozesse herzustellen.			
4. Sie laden Eltern und evtl. andere Familienmitglieder zu vorbereiteten Gesprächen über die Entwicklung des Kindes ein und beziehen sich auch auf die ressourcenorientierten Beobachtungen und die individuellen Angebote.			
5. Sie interessieren sich für die besonderen Interessen, Fähigkeiten und Kenntnisse der Familienmitglieder.			
6. Sie ermutigen die Familienmitglieder, Vorschläge, Wünsche und Kritik einzubringen.			
7. Sie bieten vielfältige Zeiten für Kontakte zwischen Erzieher/innen und Familien an.			
8. Sie achten darauf, dass pädagogische Begriffe gemeinsam diskutiert werden.			

5

Ziele:
(konkrete Aussagen/ positiv formuliert, Fristen und Termine)

Konkrete Umsetzungsplanung:
(Termine/ handelnde Personen)

Überprüfung:
(Termine/ handelnde Personen/ Zielerreichung)

6. Modul 3 im EEC-Ansatz: Öffnung der Kita für junge Familien im Stadtteil

Kindertagesstätten bieten gute Voraussetzungen, ein unterstützendes Netzwerk auch für Familien bereitzustellen, deren Kinder noch nicht in der Einrichtung sind. Dabei gilt es, mit anderen Trägern, Schulen, Institutionen der Jugendhilfe, Ämtern sowie Vereinen in Kontakt zu treten und aktiv eine Kooperation zu initiieren.

Grundgedanke dabei ist, dass mit einer engen Kooperation die jeweiligen Ressourcen auch anderer Institutionen für die Familien erschlossen werden können.

Grundlage dieser Vernetzungsarbeit ist einerseits eine Ist-Analyse über die Interessen und Wünsche der Familien und andererseits die Ermittlung der Angebotsstruktur im direkten Umfeld der Einrichtung. Ziel ist es, eine integrierte Familienarbeit zu entwickeln, in der Familien Unterstützung erhalten und sich selbst aktiv mit ihren Kompetenzen und Ressourcen beteiligen können.

Das pädagogische Fachpersonal erhält mit der Vernetzungsarbeit die Chance, ihre Kompetenzen weit über ihre pädagogischen Fähigkeiten hinaus einzusetzen und erwachsenenpädagogisch tätig zu sein. Dazu bedarf es einer Analyse der Fähigkeiten der einzelnen Teammitglieder. Bei Interesse und Kompetenzen einzelner Pädagogen im Team können diese gezielt für diese Arbeit gewonnen werden, zu prüfen ist, ob finanzielle Unterstützung durch Honorarmittel etabliert werden kann.

Eine Voraussetzung, um diese Arbeit vernetzter Angebote für Familien im Stadtteil zu installieren, sind Räume in der Kindertagesstätte, die entsprechend umgestaltet oder multifunktional genutzt werden.

Angebote können sein:

- Offenes Familiencafé
- Angeleitete Mutter-Kind Gruppen
- Babygruppen
- Gemeinsame Aktivitäten: Basteln, Singen, Ausflüge
- Vermietung der Räume am Wochenende
- Sprachkurse für Migranten
- Elterntrainingsprogramme, z.B. Starke Eltern – starke Kinder
- Schuldnerberatung
- Betreuungsangebot
- Kinderhotel am Wochenende
- Unterstützung von Eigeninitiativen der Eltern
- Gemeinsame Feste in Planung und Durchführung
- Flohmarkt
- Gesundheitsangebote, z.B. Sprechzeiten durch Kinderarzt.

Leitsatz
Die pädagogischen Fachkräfte initiieren für Familien in der Einrichtung und für Familien im Stadtteil Angebote in Kooperation mit anderen Institutionen, die die frühkindliche Entwicklung von Kindern unterstützen und Familien in ihren Kompetenzen stärken.

Indikatoren

- Die pädagogischen Fachkräfte analysieren die Lebenswelt der Familien sowie deren Interessen und Wünsche und entwickeln dazu geeignete Instrumentarien.
- Sie analysieren die Angebotsstruktur im direkten Umfeld der Einrichtung mit dem Fokus frühkindlicher Bildung und Unterstützung von Familien.
- Sie treten in den fachlichen Diskurs mit ausgewählten Institutionen, die für die Unterstützung von Familien geeignet sind und laden diese ein, in der Einrichtung tätig zu werden.
- Sie analysieren eigene Kompetenzen, unterstützende Angebote für Familien der Kita und im Stadtteil durchzuführen und eruieren deren Finanzierbarkeit.
- Sie koordinieren und strukturieren eigene und die Angebote anderer Institutionen in der Einrichtung.
- Sie stellen geeignete Räume bereit, in denen sie und /oder unterstützende Institutionen ihre Angebote durchführen können.
- Sie sorgen für intensive Kontakte und den Austausch unter den Familien der Kita und denen aus dem Stadtteil.

Evaluationsbogen: Öffnung für junge Familien im Stadtteil

Einrichtung:	**Abteilung:**	**Datum:**	
Leitsatz **Die pädagogischen Fachkräfte initiieren für Familien in der Einrichtung und für Familien im Stadtteil Angebote in Kooperation mit anderen Institutionen, die die frühkindliche Entwicklung von Kindern unterstützen und Familien in ihren Kompetenzen stärken.**			
Indikatoren	Gute Erfahrungen bislang:	Schwierigkeiten/ Stolpersteine:	Was soll verändert werden?
1. Die pädagogischen Fachkräfte analysieren die Lebenswelt der Familien sowie deren Interessen und Wünsche und entwickeln dazu geeignete Instrumentarien.			
2. Sie analysieren die Angebotsstruktur im direkten Umfeld der Einrichtung mit dem Fokus frühkindlicher Bildung und Unterstützung von Familien.			
3. Sie treten in den fachlichen Diskurs mit ausgewählten Institutionen, die für die Unterstützung von Familien geeignet sind und laden diese ein, in der Einrichtung tätig zu werden.			
4. Sie analysieren eigene Kompetenzen, unterstützende Angebote für Familien der Kita und im Stadtteil durchzuführen und eruieren deren Finanzierbarkeit.			
5. Sie koordinieren und strukturieren eigene und die Angebote anderer Institutionen in der Einrichtung.			
6. Sie stellen geeignete Räume bereit, in denen sie und/oder unterstützende Institutionen ihre Angebote durchführen können.			
7. Sie sorgen für intensive Kontakte und den Austausch unter den Familien der Kita und denen aus dem Stadtteil.			

6

Ziele:
(konkrete Aussagen/ positiv formuliert, Fristen und Termine)

Konkrete Umsetzungsplanung:
(Termine/ handelnde Personen)

Überprüfung:
(Termine/ handelnde Personen/ Zielerreichung)

6

7. Konzeptionelle Rahmenbedingungen

Im Folgenden werden drei konzeptionelle Rahmenbedingungen fachlichen Handelns beschrieben, die die Einführung des EEC-Ansatzes erleichtern bzw. erst ermöglichen.

7.1 Offene Arbeit

Das Konzept der offenen Arbeit erleichtert die Umsetzung des Early Excellence Ansatzes, weil

- sich die Haltung zu Menschen in beiden Ansätzen gleicht,
- sich die Bildungsmöglichkeiten für die Kinder vervielfachen
- und pädagogische Fachkräfte sich leichter individuellen Bildungsprozessen zuwenden können.

Im Folgenden eine kurze Beschreibung des Ansatzes der offenen Arbeit:

Dem Konzept der „offenen Arbeit" liegt ein Partizipationsverständnis zugrunde, das alle Betroffenen zu aktiven Gestaltern und Akteuren ihrer Umwelt macht. Grundlage ist die Überzeugung, dass Erwachsene auf die Entwicklungspotenziale von Kindern vertrauen können und dass Kinder in selbstinitiierten, selbstgesteuerten und selbstgeregelten Situationen optimale Lernvoraussetzungen für ihre persönlichen Entwicklungschancen finden können. Erwachsene finden sich in der Rolle als Begleiter, Lernpartner, Zuhörer, Unterstützer, Berater und Coach wieder.

Die Haltung zum Kind ist bestimmt durch:

- Achtsamkeit
- Ermutigung
- Anerkennung
- Vertrauen
- Respekt

Säulen der offenen Arbeit:

- Differenzierung
- Entscheidungsfreiheit
- Vielfalt von Anregungen und Möglichkeiten
- Gemeinschaft, Orientierung
- Förderung von Bildungsprozessen.

Leitsatz
Die pädagogischen Fachkräfte setzen sich fachlich mit der Konzeption der „offenen Arbeit“ auseinander, steigen schrittweise in die Umsetzung ein und reflektieren kontinuierlich ihre Erkenntnisse.

Indikatoren:

1. Die pädagogischen Fachkräfte haben sich in Fortbildungen mit dem Konzept der offenen Arbeit auseinandergesetzt und sind in den Prozess der Umgestaltung eingetreten.

2. Sie installieren ein funktionsfähiges Bezugserziehersystem.

3. Sie erarbeiten eine transparente Tagesstruktur, die gewährleistet, dass Kinder und Erwachsene sich gut orientieren können.

4. Sie richten Funktionsräume und Funktionsecken unter Bildungsgesichtspunkten ein.

5. Sie sorgen dafür, dass Kinder freien Zugang zu anregungsreichem Material haben.

6. Sie reflektieren kontinuierlich im fachlichen Austausch, wie die offene Arbeit in der Einrichtung umgesetzt wird.

7

Evaluationsbogen: Offene Arbeit

Einrichtung: **Abteilung:** **Datum:**

Leitsatz
Die pädagogischen Fachkräfte setzen sich fachlich mit der Konzeption der „offenen Arbeit“ auseinander, steigen schrittweise in die Umsetzung ein und reflektieren kontinuierlich ihre Erkenntnisse.

Indikatoren	Gute Erfahrungen bislang:	Schwierigkeiten/ Stolpersteine:	Was soll verändert werden?
1. Die pädagogischen Fachkräfte haben sich in Fortbildungen mit dem Konzept der offenen Arbeit auseinandergesetzt und sind in den Prozess der Umgestaltung eingetreten.			
2. Sie installieren ein funktionsfähiges Bezugserziehersystem.			
3. Sie erarbeiten eine transparente Tagesstruktur, die gewährleistet, dass Kinder und Erwachsene sich gut orientieren können.			
4. Sie richten Funktionsräume und Funktionsecken unter Bildungsgesichtspunkten ein.			
5. Sie sorgen dafür, dass Kinder freien Zugang zu anregungsreichem Material haben.			
6. Sie reflektieren kontinuierlich im fachlichen Austausch, wie die offene Arbeit in der Einrichtung umgesetzt wird.			

Ziele:
(konkrete Aussagen/ positiv formuliert, Fristen und Termine)

Konkrete Umsetzungsplanung:
(Termine/ handelnde Personen)

Überprüfung:
(Termine/ handelnde Personen/ Zielerreichung)

7.2 Bezugserzieher/innen

Kinder brauchen für eine gelungene Entwicklung stabile, zugewandte und warmherzige Beziehungen zu Erwachsenen, die ihre körperlichen, physischen und psychischen Belange erkennen und angemessen darauf reagieren.

In der offenen Arbeit werden aus Gruppenerzieher/innen Bezugserzieher /innen. Sie sind für fünf bis zehn Bezugskinder und deren Familien zuständig, abhängig von der wöchentlichen Arbeitszeit.

Bezugserzieher/innen begleiten das Kind und seine Familie von der Eingewöhnung bis zum Verlassen der Einrichtung.

- Sie gewährleisten eine zuverlässige Bindung durch die Eingewöhnung und schaffen damit einen behutsamen Übergang von der Familie in die Institution.

- Sie sind verantwortlich für die schriftliche Beobachtung, für das Erstellen des Situationsbuches, die Führung des Entwicklungsordners und somit für die verschiedensten Dokumentationsformen für die jeweiligen Bezugskinder. In diesem Zusammenhang und darüber hinaus sind sie zuständig für die Zusammenarbeit mit den Familien „ihrer“ Bezugskinder.

- Sie bekräftigen und regen die Kinder in ihrem „Tun“ an und unterstützen ihren Forscherdrang durch methodisch durchdachte Aktivitäten und Anreize im Tagesablauf.

- Während des letzten Kitajahres bereiten die Bezugserzieher/innen das Kind durch spezielle pädagogische Angebote auf den Schulalltag vor.

Durch die Zuständigkeiten der Bezugserzieher/innen wird gewährleistet, dass Kinder – **auch junge Kinder – in der offenen Arbeit Sicherheit und Orientierung finden.**

Über die individuellen Aufgaben bezogen auf die Bezugskinder hinaus ist der Blick der Erzieher/innen auf alle Kinder der Einheit/ der Abteilung gerichtet, d.h. sie kennen alle Kinder und deren Familien und sind kompetent im Umgang mit ihnen.

Der Tagesablauf wird in diesem System auf Klein- und Interessengruppen sowie individuelle Tätigkeiten der Kinder abgestimmt. Kinder erhalten so die Chance, von den unterschiedlichen Fähigkeiten und Interessen aller Erzieher/innen in bestimmten Angeboten und Projekten zu profitieren.

Leitsatz

Die pädagogischen Fachkräfte haben Kenntnis über die Bedeutung des Bezugserziehersystems und können es fachlich umsetzen.

Indikatoren:

1. Im Zuge der Umstellung von der Gruppenarbeit in die offene Arbeit setzen sich die pädagogischen Fachkräfte mit der Bedeutung der Aufgaben eines/einer Bezugserzieher/in fachlich auseinander.

2. Sie entwickeln konzeptionelle Strategien, wie das Bezugserziehersystem in die Einrichtung eingeführt wird.

3. Sie fühlen sich zuständig für die Gestaltung einer angenehmen Atmosphäre während der Eingewöhnungszeit und später dann für die gelingende Kitazeit für das Kind und seine Familie.

4. Sie unterstützen das Kind aktiv in seinen Entwicklungs- und Bildungsphasen.

5. Sie planen die Abfolge der Beobachtung „ihrer" Bezugskinder, führen die Beobachtungsergebnisse im Ergebnisbogen zusammen und dokumentieren die Entwicklung ihrer Bezugskinder.

6. Sie eröffnen, halten und suchen den Kontakt zu den Familien.

7. Sie führen in regelmäßigen Abständen Gespräche mit den Familien.

Evaluationsbogen: Bezugserziehersystem

Einrichtung:	**Abteilung:**	**Datum:**	
Leitsatz **Die pädagogischen Fachkräfte haben Kenntnis über die Bedeutung des Bezugserziehersystems und können es fachlich umsetzen.**			
Indikatoren	Gute Erfahrungen bislang:	Schwierigkeiten/ Stolpersteine:	Was soll verändert werden?
1. Im Zuge der Umstellung von der Gruppenarbeit in die offene Arbeit setzen sich die pädagogischen Fachkräfte mit der Bedeutung der Aufgaben eines/einer Bezugserzieher/in fachlich auseinander.			
2. Sie entwickeln konzeptionelle Strategien, wie das Bezugserziehersystem in die Einrichtung eingeführt wird.			
3. Sie fühlen sich zuständig für die Gestaltung einer angenehmen Atmosphäre während der Eingewöhnungszeit und später dann für die gelingende Kitazeit für das Kind und seine Familie			
4. Sie unterstützen das Kind aktiv in seinen Entwicklungs- und Bildungsphasen.			
5. Sie planen die Abfolge der Beobachtung „ihrer" Bezugskinder, führen die Beobachtungsergebnisse im Ergebnisbogen zusammen und dokumentieren die Entwicklung ihrer Bezugskinder.			
6. Sie eröffnen, halten und suchen den Kontakt zu den Familien.			
7. Sie führen in regelmäßigen Abständen Gespräche mit den Familien.			

7

Ziele:
(konkrete Aussagen/ positiv formuliert, Fristen und Termine)

Konkrete Umsetzungsplanung:
(Termine/ handelnde Personen)

Überprüfung:
(Termine/ handelnde Personen/ Zielerreichung)

7.3 Raumgestaltung und Materialausstattung

Das Bildungsverständnis im EEC-Ansatz verlangt eine hohe Aufmerksamkeit der pädagogischen Fachkräfte auf die Bildungsmöglichkeiten, die sich durch Raum- und Materialausstattung herstellen lassen.

Das Kind bildet sich mit dem, was die Umgebung bereitstellt. Die fachliche Raumgestaltung und Materialausstattung gewährleistet, dass Kinder sich selbstständig mit vielfältigen – nicht nur pädagogisch wertvollen – Spielzeugen und Büchern, sondern auch Alltagsgegenständen aus der Erwachsenenwelt und hochwertigen Forschungs- und Bastelmaterialien aktiv auseinandersetzen können. Nur so bekommen Kinder ausreichend Möglichkeiten, ihren eigenen Vorstellungen, Interessen, Fragestellungen nachzugehen.

Bildungsprozesse für Kinder werden erleichtert, wenn die Zuordnung der Spiel-, Forschungs- und Lernmaterialien in Funktionsräumen oder -ecken erfolgt. Zur Orientierung der Kinder werden die Bildungsinhalte über Bild und Schrift visualisiert. Kinder erhalten durch geeignete Raumgestaltung die Chance, ungestört allein oder in Kleingruppen ihren Aktivitäten nachzugehen oder Rückzugsmöglichkeiten für Ruhe und Entspannung zu finden.

In diesen Räumen treffen Kinder auf pädagogisches Fachpersonal, die Zeit und Ruhe haben, sie in ihren Aktivitäten zu begleiten, Fragen zu beantworten und in ihrem Tun zu unterstützen.

Auch der aktiven selbstbestimmten Nutzung der Außenfläche ist ein hoher Stellenwert beizumessen. Im Laufe des Tages sollen Kinder die Möglichkeit haben, selbstbestimmt, in Absprache mit dem pädagogischen Fachpersonal, die vielfältigen Möglichkeiten in der Auseinandersetzung mit Wasser, Sand, Fahrzeugen, Reifen und Ähnlichem zu nutzen und Naturerfahrungen sammeln zu können.

7

Leitsatz
Die pädagogischen Fachkräfte gestalten Räume, die vielfältige Erfahrungsmöglichkeiten bieten, zum selbstaktiven Handeln anregen und beziehen dabei Kinder und Eltern ein.

Indikatoren:

1. Die pädagogischen Fachkräfte beachten, dass durch Raumgestaltung und Materialausstattung vielseitige Sinnes-, Körper- und Bewegungserfahrungen der Kinder möglich sind und alle Bildungsbereiche berücksichtigt werden.

2. Sie stellen sicher, dass durch die Raumgestaltung den Kindern Rückzug ermöglicht wird, sie ihren individuellen Interessen nachgehen können und in selbstgewählten Kleingruppen Erfahrungen machen können.

3. Sie gewährleisten mit ihrer Präsenz, dass Kinder selbstbestimmt in den Räumen, aber auch im Außengelände tätig sein können.

4. Sie legen Verantwortlichkeiten für bestimmte Räume fest und sorgen mit Orientierungsmerkmalen für Übersicht und Transparenz der Möglichkeiten.

5. Sie achten bei der Anordnung von Material auf Bildungsgesichtspunkte, Übersichtlichkeit und ästhetische Präsentation.

6. Sie überprüfen in regelmäßigen Abständen, ob die Kinder sich in den Räumen wohlfühlen und welche Räume und Materialien bevorzugt gewählt werden und erfragen Ideen für die Raum- und Materialausstattung bei Kindern und Eltern.

7. Sie ergänzen und erweitern kontinuierlich Materialien für die Kinder auch für individuelle Angebote und beziehen dabei die Familien mit ein.

8. Sie achten darauf, dass die Räume spezifische Elemente der jeweiligen Region sowie unterschiedliche Kulturen und Traditionen widerspiegeln.

Evaluationsbogen: Raumgestaltung und Materialausstattung

Einrichtung:	**Abteilung:**	**Datum:**	
Leitsatz **Pädagogische Fachkräfte gestalten Räume, die vielfältige Erfahrungsmöglichkeiten bieten, zum selbstaktiven Handeln anregen und beziehen dabei Kinder und Eltern ein.**			
Indikatoren	Gute Erfahrungen bislang:	Schwierigkeiten/ Stolpersteine:	Was soll verändert werden?
1. Die pädagogischen Fachkräfte beachten, dass durch Raumgestaltung und Materialausstattung vielseitige Sinnes-, Körper- und Bewegungserfahrungen der Kinder möglich sind und alle Bildungsbereiche berücksichtigt werden.			
2. Sie stellen sicher, dass durch die Raumgestaltung den Kindern Rückzug ermöglicht wird, sie ihren individuellen Interessen nachgehen können und in selbstgewählten Kleingruppen Erfahrungen machen können			
3. Sie gewährleisten mit ihrer Präsenz, dass Kinder selbstbestimmt in den Räumen, aber auch im Außengelände tätig sein können.			
4. Sie legen Verantwortlichkeiten für bestimmte Räume fest und sorgen mit Orientierungsmerkmalen für Übersicht und Transparenz der Möglichkeiten.			
5. Sie achten bei der Anordnung von Material auf Bildungsgesichtspunkte, Übersichtlichkeit und ästhetische Präsentation.			
6. Sie überprüfen in regelmäßigen Abständen, ob die Kinder sich in den Räumen wohlfühlen und welche Räume und Materialien bevorzugt gewählt werden und erfragen Ideen bei Kindern und Eltern.			

7

Indikatoren	Gute Erfahrungen bislang:	Schwierigkeiten/ Stolpersteine:	Was soll verändert werden?
7. Sie ergänzen und erweitern kontinuierlich Materialien für die Kinder auch für individuelle Angebote und beziehen dabei die Familien mit ein.			
8. Sie achten darauf, dass die Räume spezifische Elemente der jeweiligen Region sowie unterschiedliche Kulturen und Traditionen widerspiegeln.			

Ziele:
(konkrete Aussagen/ positiv formuliert, Fristen und Termine)

Konkrete Umsetzungsplanung:
(Termine/ handelnde Personen)

Überprüfung:
(Termine/ handelnde Personen/ Zielerreichung)

8. Aufgaben von Trägern

Damit der EEC Ansatz effektiv in Institutionen eingeführt werden kann bedarf es bestimmter Voraussetzungen.

Wesentlich für die Zielerreichung ist, wie es den Trägern gelingt, einerseits die Bereitschaft der Mitarbeiter zu wecken, den Weg der Veränderung zu gehen und andererseits selbst die Verpflichtung zu übernehmen, die Mitarbeiter bei dem Umsetzungsprozess aktiv zu unterstützen und zu bestärken.

Vorab sind deshalb die Bedingungen in den jeweiligen Institutionen zu eruieren, und zwar sowohl hinsichtlich der Rahmenbedingungen und der finanziellen und personellen Ressourcen zur Ausgestaltung des Prozesses, aber auch bezüglich der Motivation der Mitarbeiter/innen in den Einrichtungen, sich zielgerichtet auf ein längerfristiges Projekt einzulassen.

Der wichtigste Fokus bei der Umsetzung des EEC-Ansatzes liegt in der Haltungsänderung des pädagogischen Fachpersonals gegenüber den Kindern und deren Familien. Der positive Blick auf die Ressourcen der Kinder und deren Familien – in konsequenter Abkehr von der traditionellen Defizitorientierung – bildet die Voraussetzung für die Wertschätzung von Kompetenzen, Vorstellungen, Wünschen, Visionen und Ideen von Kindern und Familien. Derartige Haltungsänderungen des pädagogischen Fachpersonals sind nur über eine vertrauensvolle Zusammenarbeit mit Fachberatung oder anderen kontinuierlichen Prozessbegleitern zu erreichen.

Fortbildungen zum Bildungsverständnis und zu den pädagogischen Strategien der Erwachsenen ermöglichen hier im Vorfeld eine Öffnung der Beteiligten gegenüber dem EEC-Ansatz.

Für den weiteren Implementierungsprozess des EEC-Ansatzes sind eine Reihe von einrichtungszentrierten Fortbildungen und über bestimmte Zeiträume kontinuierliche Beratung und Prozessbegleitung vorzusehen.

Die Bearbeitung der drei Grundbausteine des EEC-Ansatzes:

- Beobachtung, Dokumentation und individuelle Förderung
- Zusammenarbeit mit Familien
- Öffnung in den Stadtteil für junge Familien

umfasst jeweils drei Fortbildungstage je Einrichtung.

Im Anschluss sollten die Mitarbeiterinnen in ihren Umsetzungsschritten ca. ein halbes Jahr kontinuierlich durch Fachberatung/Experten beratend begleitet werden. Regelmäßige Zwischenauswertungen ermöglichen es diesen, methodisch und inhaltlich den Prozess zu stabilisieren.

8

Empfehlungen für die Implementierung:

- Analyse der eigenen Bereitschaft und des eigenen Interesses bei den Trägerverantwortlichen
- Einschätzung des Trägers der finanziellen und personellen Ressourcen einschließlich der Kompetenz eigener Fachberatung oder den Kosten für Honorare anderer Experten
- Einschätzung des Trägers, in welchem Umfang und in welchen Einrichtungen der EEC-Ansatz implementiert werden soll
- Vorstellung der Idee bei allen Mitarbeiter/innen oder ausgewählten Einrichtungen und Klärung der Bereitschaft der Mitarbeiter, den Prozess zu beginnen
- Einrichtung einer Steuerungsgruppe mit „Delegierten" aus allen Bereichen, die kontinuierlich den Prozess auswerten und die Transparenz im Träger verantworten
- Auftaktveranstaltung für alle Beteiligten
- Zwischenauswertungen mit Präsentationen der Beteiligten oder interner Publikationen
- Abschlusspräsentation nach Einführung des 3. Moduls.

Insgesamt ist je nach Ausgangslage eine Gesamtdauer von 2 – 4 Jahren zu veranschlagen.

Fazit: Die Unternehmenskultur des Trägers bestimmt auf zwei Ebenen maßgeblich die Möglichkeiten, den EEC-Ansatz praktisch umzusetzen.

Weil alle Beteiligten in diesem Prozess Forscher sowie Frage- und Antwortgeber werden, etabliert sich auf allen Ebenen ein **dialogisches Prinzip** von Aushandlungsprozessen auf Augenhöhe zwischen allen, dies betrifft:

- Vorgesetzte und Mitarbeiter/innen
- Vorgesetzte und Fachberater/ Prozessbegleiter
- Fachberater/Prozessbegleiter und Mitarbeiter/innen
- Pädagogisches Fachpersonal und Kinder
- Pädagogisches Fachpersonal und Familien
- Pädagogisches Fachpersonal und Mitarbeiter/innen anderer Institutionen.

Der zweite Fokus bei der Implementierung des EEC-Ansatzes liegt auf der **Personalentwicklung**, und hier auf der Qualifizierung des pädagogischen Fachpersonals auf der Grundlage der Anerkennung und Wertschätzung ihres Fachwissens und ihrer Erfahrungen.

8

Literatur

Arnold, C. (2008): Beharrlichkeit zahlt sich aus: Eltern, für die wir schwer erreichbar sind, in: Whalley (2008), S. 113 – 135

Eichrodt, Anke (2008): Innovationswerkstatt Kita. Transferprozesse des Early Excellence Modells, Berlin, Dohrmann Verlag

Elschenbroich, D. (1999): Weltwissen der Siebenjährigen, München, Kunstmann Verlag

Hebenstreit-Müller, S. und Lepenies, A. (Hg.) (2007): Early Excellence: der positive Blick auf Kinder, Eltern und Erzieherinnen, Berlin, Dohrmann Verlag

Hebenstreit-Müller, S. und Kühnel, B. (Hg) (2005): Integrative Familienarbeit in Kitas. Individuelle Förderung von Kindern und Zusammenarbeit mit Eltern, Berlin, Dohrmann Verlag

Hebenstreit-Müller, S. und Kühnel, B. (Hg) (2004): Kinderbeobachtung in Kitas. Erfahrungen und Methoden im ersten Early Excellence Centre in Berlin, Berlin, Dohrmann Verlag

Laevers, F. (Hg.) (1997): Die Leuvener Engagiertheits-Skala für Kinder, LES-K, Erkelenz, Fachschule für Sozialpädagogik

Leu, H. u.a. (2007): Bildungs- und Lerngeschichten, Berlin, Verlag Das Netz

Senatsverwaltung für Bildung, Jugend und Sport (2004): Berliner Bildungsprogramm, Berlin, Verlag Das Netz

Whalley, M., und das Pen Green Centre Team (2008): Eltern als Experten ihrer Kinder. Das „Early Excellence" – Modell in Kinder- und Familienzentren, Berlin, Dohrmann Verlag

Whalley, M. und Arnold, C. (1997): Parental Involvement in Education, Paper for Teacher Training Agency

Whalley, M., und Dennison, M. (2008): Dialog und Dokumentation: Der Informationsaustausch und die Entwicklung eines anregungsreichen Curriculums, in: Whalley (2008), S. 152 - 171

Ziesche, U., Herrnberger, Ch., Karkow, Ch. (2003): Qualitätswerkstatt Kita – Zusammenarbeit von Kita und Familie, Weinheim, Beltz Verlag

Videos

Mohn, B. und Hebenstreit-Müller, S.(2007a): Kindern auf der Spur. Kita-Pädagogik als Blickschule, Göttingen, IWF Wissen und Medien

Mohn, B. und Hebenstreit-Müller, S.(2007b): Zu Tisch in der Kita. Mittagskonzert und Mittagsgesellschaft, Göttingen, IWF Wissen und Medien

Mohn, B. und Hebenstreit-Müller, S. (2008): Wie lernt mein Kind? Erziehungspartnerschaft im Early Excellence Zentrum, Göttingen, IWF Wissen und Medien

Pen Green Centre Team (2003): Growing Together at the Pen Green Centre, Berlin, Dohrmann Verlag

Pen Green Centre Team (2005): Das Growing Together Übungsvideo, Berlin, Dohrmann Verlag

Wilke, F. (2005): Der positive Blick auf das Kind, Bildungsprozesse von Kindern – beobachtet im ersten Early Excellence Centre in Berlin, Berlin, Dohrmann Verlag

www.pfh-berlin.de
www.early-excellence.de

Die Autorinnen:

Christine Karkow arbeitet seit 1980 als Kindertagesstätten- und Fachberaterin am Pestalozzi-Fröbel-Haus in Berlin. Sie ist Mitautorin des Berliner Bildungsprogramms, des Saarländischen Bildungsprogramms und der Hamburger Bildungsempfehlungen und ist als Multiplikatorin im DJI-Projekt „Bildungs- und Lerngeschichten" tätig. Sie arbeitet als Fortbildnerin und Multiplikatorin in mehreren Bundesländern.

Barbara Kühnel ist seit 1986 Kindertagesstätten- und Fachberaterin am Pestalozzi-Fröbel-Haus in Berlin. Schwerpunkte: Konzeptionsentwicklung, Fortbildung und Beratung für pädagogische Fachkräfte. Seit 2000 zuständig für Entwicklung und Implementierung des EEC-Konzepts und für den Transferprozess in die Einrichtungen des PFH. Sie ist bundesweit als Fortbildnerin tätig.

PFH-Beiträge zur pädagogischen Arbeit, Band 13
Herausgegeben von Sabine Hebenstreit-Müller
Produktion und Vertrieb: dohrmannVerlag.berlin

Titelgestaltung: Ole Bader, Sandwichpicker GmbH, Berlin
www.sandwichpicker.com
unter Verwendung von Fotos von Susanne Gebert aus der Kindertagesstätte „Barbarossastraße" des Pestalozzi-Fröbel-Hauses
Druck: Druckerei Bode GmbH, Wurzen / Grimma

ISBN 978-3-938620-12-0

Pestalozzi-Fröbel-Haus
Stiftung des öffentlichen Rechts
Karl-Schrader-Str 7-8
10781 Berlin
www.pfh-berlin.de

Heinz und Heide Dürr Stiftung:
www.heinzundheideduerrstiftung.de

dohrmannVerlag.berlin
für interkulturelle und europäische Pädagogik
Ringstr. 78
12205 Berlin
www.dohrmann-verlag.de

Bestellungen:
info@dohrmann-verlag.de
Fax: +49 (0)30 – 80409890
Tel: +49 (0)30 – 8336441

Im gleichen Verlag sind zu diesem Thema erschienen:

Margy Whalley und das Pen Green Centre Team: Eltern als Experten ihrer Kinder, Das „Early Excellence"-Modell in Kinder- und Familienzentren, mit einer Einleitung von Annette Lepenies, ISBN: 978-3-938620-07-6, 245 Seiten, 18,90 Euro

Die Übersetzung des Buches „Involving Parents in their Children's Learning, 2nd ed.". Es zeigt in Fallstudien und Forschungsberichten, wie die Mitarbeiterinnen des Pen Green Centre in Corby, Northants., gemeinsam mit Eltern eine neuartige Form der Zusammenarbeit begründen, in die Eltern, Erzieherinnen und Forscher ihre jeweiligen Kompetenzen einbringen. Sie berufen sich unter anderem auf den brasilianischen Pädagogen Paulo Freire: „Der Lehrer ist nicht mehr nur Lehrender, sondern lernt selbst im Dialog mit den Studenten, während er lehrt. ... Sie sind gemeinsam verantwortlich für den Prozess, in welchem alle wachsen. ... Hier lehrt niemand jemanden, noch lernt jemand selbst. Die Menschen lehren sich gegenseitig." (aus: „Pädagogik der Unterdrückten")

Es „... entsteht ein umfassendes Bild von der pädagogischen Arbeit des Pen Green Centre und von der Kooperation zwischen Eltern und Fachkräften. Ganz deutlich werden die vielen positiven Auswirkungen auf das (Familien-) Leben der in einem sozialen Brennpunkt lebenden Menschen." (Martin R. Textor, www.kindergartenpädagogik.de/1743.html)

Sabine Hebenstreit-Müller und Annette Lepenies (Hg.): Early Excellence: Der positive Blick auf Kinder, Eltern und Erzieherinnen, ISBN 978-3-938620-06-9, 220 Seiten, 15,80 Euro

Das Modell der Early Excellence Centres hat der Weiterentwicklung der Frühpädagogik in Deutschland zahlreiche Impulse gegeben. Dieser Band enthält Beiträge aus dem Pen Green Centre in Corby und aus dem Berliner Pestalozzi-Fröbel-Haus, das Early Excellence in allen seinen Einrichtungen umsetzt. Der Band greift Weiterentwicklungen aus Berlin und Corby zu theoretischen Schlüsselfragen und der praktischen Umsetzung auf, u.a. mit Beiträgen von Cath Arnold, Margy Whalley, Yvonne Schütze und Colette Tait.

Sabine Hebenstreit-Müller, Barbara Kühnel (Hg.): Kinderbeobachtung in Kitas, Erfahrungen und Methoden im ersten Early Excellence Centre in Berlin, zahlreiche farbige Abb., ISBN 978-3-9809179-5-7; 112 Seiten, 17,90 Euro

„...Das Buch fasziniert deshalb, weil so genannte Schemata den Beobachtungen zu Grunde gelegt werden. Das sind Verhaltensmuster, durch die sich das Kind ein Bild von seiner Welt macht.... Individuelle Angebote werden aufgrund der Erkenntnisse durch die Beobachtung entwickelt. Anhand von Fotos wird dies eindrucksvoll gezeigt und beschrieben. In Zeiten von PISA- und OECD-Studie, in denen die Gefahr besteht, dass Erzieherinnen zum standardisierten Beobachtungsbogen greifen, der nur darüber Auskunft gibt, was das Kind alles nicht kann, kommt dieses Buch genau richtig. Es zeigt anschaulich, wie wichtiges bei Beobachtungen ist, an den Stärken der Kinder anzusetzen ..."(Martina Bentenrieder, in: Welt des Kindes, 1/2005)

Sabine Hebenstreit-Müller, Barbara Kühnel (Hg.): Integrative Familienarbeit in Kitas, Individuelle Förderung von Kindern und Zusammenarbeit mit Eltern, zahlreiche farbige Abbildungen, ISBN 978-3-938620-02-1, 180 Seiten, 17,90 Euro
„Die unterschiedlich gestalteten Einzelbeiträge sollen vor allem den pädagogischen Fachkräften in Kindergärten zeigen, dass ein partnerschaftliches Miteinander zwischen Erziehungspersonal und Eltern möglich ist. Wie diese Zusammenarbeit organisiert und durchgeführt werden kann, zeigen anschaulich die praktischen Beiträge. Weiterhin wird deutlich, dass eine aktive Integration der Eltern ins pädagogische Geschehen der Einrichtung äußerst ertragreich für Kinder, Eltern und Erzieherinnen ist." (Michael Schnabel, in: www.socialnet.de/rezesionen/3558.php)

Franziska Wilke: Der positive Blick auf das Kind, mit Text, Video 30 min., VHS: ISBN 978-3-9809179-7-1, Preis 19,50 Euro, DVD: ISBN 978-3-938620-01-4, Preis 19,50 Euro
„Der Film zeigt in eindrucksvoller Weise zweierlei: wie Kinder sich handelnd die Welt aneignen und wie die Beobachtung solcher Aneignungsprozesse für die pädagogische Arbeit fruchtbar gemacht werden können. Dabei werden Kinder, Erzieherinnen und Eltern im Kindergartenalltag gezeigt, ohne dass die Kamera zu stören scheint. Die Komposition des Filmes ist wohlüberlegt und macht Zusammenhänge deutlich."
(Anke Meyer, in www.socialnet.de/rezensionen/5339.php)

Anke Eichrodt: Innovationswerkstatt Kita; Transferprozesse des Early Excellence Modells; PFH-Beiträge zur pädagogischen Arbeit, Band 11; 72 Seiten; ISBN 978-3-938620-09-0; 10,80 Euro
Ein Evaluationsbericht über die Übertragung des „Early-Excellence"-Konzepts auf alle Einrichtungen des Pestalozzi-Fröbel-Hauses im Rahmen eines Qualifizierungsprozesses. Dabei geht es darum, die Frage zu beantworten, was sich unter Regelbedingungen auf welche Weise auf Kitas übertragen lässt. Parallel dazu wird die Vernetzung der Einrichtungen untereinander gestärkt. Über die Kitas hinaus sind das „Kinder- und Familienzentrum Kiezoase" sowie ein Ganztagsschulprojekt in die Evaluation einbezogen.